MW00891979

DON PEDRO MENÉNDEZ DE AVILÉS

DON PEDRO MENÉNDEZ DE AVILÉS

El adelantado de la Florida

Dr. Salvador Larrúa-Guedes

ALEXANDRIA LIBRARY
PUBLISHING HOUSE

MIAMI

© Salvador Larrúa, 2015
Todos los derechos reservados

ISBN: 978-1515105824

Library of Congress Catalog Card Number: 2015909987

ARCHIVO DEL CENTRO DE DOCUMENTACIÓN HISTÓRICA DE LA
FLORIDA COLONIAL HERITAGE, INC.

Todos los derechos son reservados. Ninguna parte de este libro puede
ser reproducida o trasmitida de ninguna forma o por ningún medio electrónico
o mecánico, incluyendo fotocopias, grabadoras o sistemas computarizados,
sin el permiso por escrito del autor, excepto en el caso de breves citas
incorporadas en artículos críticos o revistas.

Diseño: Kiko Arocha

www.alexlib.com

El autor agradece la colaboración del Centro Asturiano de Miami

DEDICATORIA

Dedico este libro al gran rey Juan Carlos I de Borbón y Borbón-Dos Sicilias, inolvidable Jefe del Estado español que en tiempos difíciles hizo posible el tránsito a la democracia y con valentía y firmeza, logró la estabilidad de la nación, y al nuevo rey Felipe VI de Borbón y Grecia, símbolo mayor de la Patria, de quien tanto esperan los españoles de España y cientos de millones de personas en América Latina que pertenecemos a la hispanidad, esa *hermandad sagrada de pueblos soberanos más allá de toda discordia.*

Las páginas que siguen relatan la vida de un héroe español siempre consagrado a Dios, la Patria y el Rey.

Dr. Salvador Larrúa-Guedes
Miami, Florida, Octubre de 2014

PEDRO MENÉNDEZ DE AVILÉS,
1565-1574

Gran navegante y conquistador español del siglo XVI, Consejero de S.M. Felipe II, Mariscal de Campo de los Reales Ejércitos, Adelantado de las Provincias de la Florida, Alguacil Mayor de las Provincias de la Florida en perpetuidad, Comendador de la Orden de Santiago en La Zarza, en Toledo, Capitán General de la Flota de la Carrera de Indias, Capitán General de la Flota del Virrey del Perú, Capitán General de la Escuadra del Mar Océano, Capitán General de la Gran Armada, Capitán General de la Isla de Cuba, la Florida y Jamaica:

A quien España debe un monumento, la historia un libro, y las musas un poema

INTRODUCCIÓN

Presentación de Pedro Menéndez de Avilés

Era un hombre delgado y fuerte, tal vez de más de seis pies de alto, y en su madurez estaba curtido por el sol y lo vientos del Cantábrico, el Mediterráneo, el Atlántico y el Mar de las Antillas. Desde niño se dedicó a su vocación favorita: perseguir y atrapar piratas y corsarios, forbantes y filibusteros, pero fue un gran guerrero lo mismo en el mar que en la tierra. No lo atraía solamente el mar, y llegó a ser primero un excelente hombre de armas y después un general y estratega consumado en todas las vicisitudes del terrible oficio de la guerra.

Una descripción de época nos da este retrato de aquél notable marino y militar:

> Existe un buen grabado de Coello representando á Don Pedro Menéndez de Avilés, y tomado de un retrato antiguo que de él tenía en su casa de Madrid Doña Ana Antonia[1]. Era de estatura muy alta[2], poblada barba negra y atezado rostro, con unas fuerzas y agilidad estraordinarias. Según el mismo lo dispuso en su testamento, su

---

1. Ana Antonia Menéndez de Avilés. hija de Don de Pedro de Góngora, marqués de Almodóvar, y Doña María Catalina, señora del Adelantamiento de Florida, y castellana de San Juan de Nieva y Torre de Avilés, tataranieta del Adelantado Pedro Menéndez de Avilés, chorno de Ana Antonia, quien tomó su apellido.
2. Algunos dicen, por el contrario que era un hombre de de mediana estatura.

cadáver fue llevado de Llanes, en Santander, á la parroquia de San Nicolás en la villa de Avilés en donde se conserva en la pared del lado del Evangelio...[3]

Excelente marino y experto militar, Pedro Menéndez de Avilés representó en su época el ideal de los grandes soldados españoles del siglo XVI que estremecieron el mundo con sus hazañas. Dotado con un golpe de vista infalible, provisto de una gran astucia, y con una intuición demostrada innumerables veces, era un capitán que elegía el momento preciso para atacar. Arrojado hasta la locura y al mismo tiempo prudente, sabía dónde y cuándo asestar un sorpresivo golpe de mano. Era cauteloso y quijotesco y cuando contaba ya más de 50 años acometía con el ardor incansable de un joven de 20. Su audacia no conocía límites y era capaz de anonadar a los adversarios ejecutando relampagueantes maniobras nunca citadas en ningún manual, aprovechando todas las debilidades y actuando muchas veces en contra de todas las previsiones del enemigo, al atacar por el sitio menos esperado y en circunstancias increíbles. Su lealtad al rey y su sentir español no conocían más límite que el de la naturaleza humana, y era al mismo tiempo, una persona de honda y ferviente religiosidad que en todos sus actos velaba por la salvación de su alma. Se puede decir que Menéndez de Avilés fue el prototipo del caballero español de finales del siglo XVI.

Este Pedro Menéndez, que fue prototipo de los marinos y grandes capitanes españoles del siglo XVI, nació en la villa asturiana de Avilés el 15 de febrero de 1519, como quinto hijo de Don Juan Alonso Sánchez de Avilés y Doña María Alonso y Menéndez de Arango, se formó en una familia de larga alcurnia y noble linaje. Su padre había luchado con valor destacándose en las acciones que condujeron a la

---

3. Pezuela y Lobo, Jacobo de la. Diccionario geográfico, estadístico, histórico, de la Isla de Cuba, tomo IV. Imprenta del Banco Industrial y Mercantil, Madrid, 1867, p. 92

toma de Granada al lado de los Reyes Católicos, en la eliminación del último reducto árabe en la península ibérica.

Pero no era solamente todo esto. Apasionado por el arte de navegar y marino sumamente experimentado, ocupa un sitio principal en la historia de la navegación al haber concebido y realizado, personalmente, la estructura, organización y el sistema que rigió las Flotas de los Reinos de Indias por más de doscientos años, y que expuso al rey en un prolijo Memorial.

Sus inquietudes lo llevaron además a meditar sobre las rutas marítimas y examinar todos los aspectos de la navegación, para la que realizó magníficas innovaciones. Día tras día, iba creciendo la fama de Pedro Menéndez de Avilés como marino expertísimo, y uno de los reconocimientos mayores que tuvo en ese sentido fue la Real Cédula firmada en El Pardo el 17 de febrero de 1573, por la que Su Majestad Felipe II le otorgó todos los derechos sobre la fabricación del instrumento capaz de medir la longitud este-oeste. Con este aporte el gran marino resolvió el problema del cálculo de la longitud, que hasta entonces sólo podía obtenerse de forma muy gruesa e imprecisa con los aparatos primitivos llamados bolinas o correderas, y se afirmó su erudición en todas las artes de navegar. En aguas de Cuba, preocupado por aumentar la velocidad de los lentos galeones conservando una gran capacidad de carga, inventó un nuevo tipo de navío: el galeoncete, y se convirtió en el primer constructor de naves que llevó a cabo la idea de alargar la quilla en relación con la manga. Los barcos resultaron rápidos, muy veleros y podían llevar hasta 370 toneladas de carga, cifra muy alta para la época.

Así era Pedro Menéndez, un hombre que ideó fortalezas, creó sistemas defensivos, fundó una colonia y una ciudad completamente nuevas, las primeras de Norteamérica, y para lograrlo tuvo que vencer a los hugonotes franceses que habían llegado primero, tenían toda una flota, habían erigido una fortaleza, poseían artillería, eran numerosos, conocían las técnicas de combate de los españoles. Y después de eso, comenzar a pacificar a las tribus indígenas más fieras con que chocaran nunca los españoles, tan primitivas que no conocían la vida sedentaria y por la misma causa se convertían en enemigos inasibles que se reunían en gran número, emboscaban a sus enemigos constantemente y desaparecían como fantasmas en los bosques y los pantanos.

Ocho intentos colonizadores anteriores, todos fracasados, que fueron dirigidos por veteranos españoles de la conquista y colonización del Nuevo Mundo, dan fe de la importancia de la hazaña que realizó el asturiano Pedro Menéndez de Avilés.

El cronista Gonzalo Solís de Merás escribió dignas y enaltecedoras palabras para informarnos sobre sus ancestros, su casa y su familia:

El Adelantado Pero Menéndez es hijodalgo é de padres principales, descendiente de casas de solares de las antiguas de Asturias de Oviedo, donde es su naturaleza y de sus descendientes: tiene una de las más antiguas casas que hay en aquella tierra, que es la casa de Doña Paya, donde antiguamente los Reyes de aquel tiempo tenían su habitación, después de la muerte del Rey Don Rodrigo y coronación de Pelayo, y ansí se llama Monte de Rey donde ella está situada, y á una legua de allí está la villa de Pravia, donde muchos destos Reyes se enterraban, y dos leguas de allí está la villa de Aviles, donde ansí mesmo se enterraban algunos Reyes, donde al Poniente él tiene su casa, mujer é hijos; y la herencia que heredó de sus padres fué la mesma casa de Doña Paya y su distrito, y porque tuvo veinte hermanos y hermanas, dividióse la hacienda, de manera que todos quedaron pobres: él dióse á ser soldado, con otros hermanos suyos: de tal manera se inclinó á la milicia de mar é tierra, que olvidando su contento, tierra, naturaleza y deudos, la siguió y sigue en servicio...[4]

---

4. Ruidíaz y Caravia, Eugenio. La Florida. Su conquista y colonización por Pedro Menéndez de Avilés. Obra premiada por la Real Academia de la Historia. Tomo I. Imp., Fund. y

Y agrega después:

Las casas antiguas de solares más cercanas de quien el Adelantado
desciende, demás de la de Doña Paya, que es suya y la tiene, son la de
los Cascos y Avileses, Valdeses y Menéndez Arango, Bustio y Vegil, y
ansí tiene en sus armas por rétulo: "Los Menéndez son Valdeses, antigualla de los Cascos, su apellido Avileses, Consejeros de Pelayo". Todas las cuales casas tienen por prencipal de sus armas, y ellas y éstas
todo es una por las razones expresadas, aunque todas, por emparentarse en otras principales, se tienen por tan prencipales como ella5

Entre los siglos XII y XVI la villa de Avilés, erigida junto al río y
el mar, vivía un momento de esplendor mercantil a través del tráfico
portuario; en los cayos se depositaban muchas mercancías destinadas al mercado de Oviedo, lo que dio lugar a querellas entre ambas
poblaciones por el reparto de tasas y tributos, al mismo tiempo que
se incrementaba la necesidad de proteger el puerto y el pueblo de las
incursiones de los aventureros, verdaderos vagabundos que en rápidas
naves buscaban víctimas fáciles en las naves y playas asturianas. La
casa dondea vivía el niño Pedro Menéndez de Avilés estaba prácticamente a la orilla del mar. Tanto en Avilés como en toda la costa de
Asturias que mira hacia las revueltas aguas del Cantábrico, se repetían
muchas veces anécdotas e historias sobre los hechos de piratas y corsarios franceses e ingleses que merodeaban por aquellas aguas y ame-
nazaban tanto los barcos españoles como las pequeñas villas cercanas
a la costa. El asunto era serio, porque constituía una amenaza constante y una preocupación latente, por lo que el niño Pedro Menéndez
escuchó numerosos relatos sobre los bandidos del mar desde su más
tierna infancia… acabar con aquella plaga era una necesidad vital, y

---

fábs. de Tinta de los Hijos de J. A. García, Calle de Campomanes, núm. 6,MDCCCXCIII.
Memorial de Gonzalo Solís de Merás, p. 1
5. Ibídem, p. 2 ss.

es muy probable que aquel niño soñara con el momento en que habría crecido lo suficiente para subir a una embarcación para encontrarse con el enemigo, combatirlo y vencerlo, hundir sus naves y exterminar el peligro. Un sueño que el destino tuvo a bien concederle.

Su madre, al quedar viuda, volvió a contraer matrimonio y Pedro, que aún era niño, quedó al cuidado de un familiar que debía encargarse de su educación. Sin embargo, el pequeño Pedro tenía otros planes, así que decidió escaparse de su tutor. Tardaron varios meses en encontrarle, hasta que finalmente apareció en Valladolid, como se puede ver a continuación en las páginas de este libro.

La gigantesca obra de Menéndez de Avilés

Cuando el Adelantado tuvo un control militar aceptable del territorio de la Florida, a pesar de la hostilidad demostrada por los indígenas y su conducta veleidosa y poco confiable, se enfrentó a las tareas más largas y difíciles: la colonización de la tierra y la evangelización de los naturales.

No fue sencillo reducir a los belicosos indígenas de la Florida y un buen ejemplo de esto viene dado por las maniobras de Menéndez de Avilés para convivir e incluso sacar ventaja de sus relaciones con el poderoso Cacique Carlos, jefe de los indios calusas, una de las tribus más numerosas y guerreras.

Según las capitulaciones pactadas con Su Majestad, Menéndez de Avilés debía garantizar el dominio español en una inmensa extensión que iba desde Terranova en el norte hasta los cayos del sur de la Florida, una tarea tremenda para poder realizarla con tan pocos medios. Había prometido al rey controlar las grandes zonas pesqueras de Terranova y exigir impuestos a los buques extranjeros que quisieran explotarlas. Por el sur, las poblaciones y la cadena de fuertes establecidas en la Florida protegerían el paso de las flotas de España, cargadas con las riquezas del Nuevo Mundo, por el estrecho que separa la península de la Isla de Cuba en viaje a la Madre Patria.

Menéndez pensaba que existía una doble vía fluvial que atravesaba el continente americano: una de las dos terminaba en la Nueva España, en algún sitio próximo a las minas de Guanajuato y Zacatecas, mientras que la otra debía atravesar el territorio del continente de este a oeste y desembocar en el Océano Pacífico. Si encontraba aquella conexión, el Adelantado podría ofrecer a España el camino para comerciar con la legendaria China. En sus planes estaba la idea de fortificar las desembocaduras de ambas vías y levantar poblaciones a lo largo de los trayectos fluviales, así como puestos misioneros fortificados, que servirían al doble propósito de extender la evangelización y proteger los nuevos dominios. La construcción de las villas de San Agustín y Santa Elena era el punto de partida de esta estrategia global[6].

Para realizar su proyecto, el Adelantado envió una expedición dirigida por Pedro de Corona a la Bahía de Santa María (Chesapeake) para establecer una avanzada, y otra comandada por el capitán Juan Pardo, cuyos resultados hemos visto, para reconocer el terreno situado al oeste de Santa Elena. Igualmente ordenó a su sobrino Pedro Menéndez Márquez en misión de exploración de la costa atlántica de Estados Unidos hasta Terranova. Por otra parte, solicitó al rey otro contacto de conquista y colonización en la zona de Pánuco, que antes había sido objeto de rozamientos entre Hernán Cortés y otros exploradores como Francisco de Garay. Allí establecería una provincia muy cerca del Virreinato de Nueva España, que sería la frontera de sus dominios y le permitiría estar cerca de las apreciadas minas[7].

Por otra parte, estableció en la Florida una cadena de establecimientos fortificados comenzando por San Agustín y siguiendo por

---

6. Varios Autores. Spanish pathways in Florida 1492-1992. Ann L. Henderson and Gary R. Mornino, Editors, 1992, p. 98

7. Ibídem,

San Mateo (fuerte tomado a los hugonotes) y levantó otros fuertes en las misiones jesuitas de Tequesta (Bahía de Vizcaya), Carlos (en la Bahía del Estero o Key Mound), y en Tocobaga, a la altura de la Bahía de Tampa.

Simultáneamente proyectó una ruta marítima más corta para los buques españoles que salían de Veracruz y San Cristóbal de La Habana con rumbo a España, después de descubrir el paso de Cuchiaga entre los cayos de la Florida, y así diseñó la Flota de Indias, su estructura, las rutas de los viajes de América a Europa y viceversa, qué cantidad y clase de navíos debía llevar como naves de protección y custodia, las tripulaciones... nada dejaba al azar aquel hombre del Renacimiento, que minuciosamente pensó en todos los detalles de un sistema que duró más de dos siglos. Llegó tan lejos que también perfeccionó un ingenioso mecanismo para medir la distancia recorrida cada día y la velocidad de las naves, equipo que superaba con creces las antiguas y defectuosas correderas.

Mientras desarrollaba sus exploraciones e iba sumando conocimientos aportados por los indígenas y por los franceses, a Menéndez de Avilés se le ocurrió la idea de crear un sistema fluvial de comunicaciones. Pensaba que el río St. Johns tenía su origen en el lago Okeechobee y que los ríos que desembocaban en la Bahía de Vizcaya y en el seno mejicano también procedían del gran lago. De esta forma, el Adelantado pudo llegar a concebir un sistema de canales para conectar diversos puntos de la Florida con líneas de barcazas, proyecto que fue considerado de nuevo cuatro siglos después y que contribuiría a fomentar la explotación de la provincia.

A fines de 1566, el infatigable y enérgico Menéndez de Avilés mandó una expedición "a la cala de Mosquito" y a Mayaca, en el centro de la Florida, con la idea de buscar posibles fugitivos franceses y ayudar a la pacificación de los indígenas, muchos de los cuales habían hecho amistad con los franceses durante el tiempo que ocuparon porciones del territorio[8].

Como podemos analizar, el Adelantado procedía de forma sistemática, con método, tratando de amarrar los cabos sueltos para consolidar, junto con el dominio de España en la nueva provincia, sus prerrogativas y cumplir las promesas hechas a sus deudos, familiares y amigos asturianos que lo acompañaron en la tremenda empresa.

Pedro Menéndez de Avilés murió en 1574. El rey Felipe II lo había llamado para darle el mando supremo de la gran flota reunida en Santander, cuyo objetivo era atacar la Gran Bretaña. Como la de los hombres, la suerte de las naciones depende a veces del más leve accidente, y por este motivo Inglaterra, que apenas contaba entonces con tres millones de habitantes, no sería acaso lo que es ahora si Menéndez no hubiera muerto inesperadamente en Santander, porque si se hubiera producido el ataque, no hubiera contado con fuerzas para enfrentarlo. Parece que la Providencia significó de antemano el fin desastroso de la gran empresa de Inglaterra. Se da el caso rarísimo, tal vez único en la historia de España, de que muriesen, pocos días antes de darse a la vela una temible armada, los dos marinos más grandes de su tiempo, destinados a conducirla a la victoria. Uno era Pedro Menéndez de Avilés, el otro, Álvaro de Bazán.

Su vida toda fue un verdadero drama. Su existencia personal fue pobre, porque se dedicó a sus ideales. Caballero español entre los caballeros, Dios, España y el Rey consumieron su existencia.

La memoria de Menéndez se sigue venerando con inmensa constancia y hoy en día está presente entre los vecinos de su ciudad natal, que tiene como gran mérito llamarse "Villa del Adelantado", aunque no son mucho los que le conocen en la misma España.

No es posible comprender bien que el ilustre Don Pedro Menéndez de Avilés forme parte de esa cantera de grandes marinos ilustres

---

8. Ibídem.

desconocidos o casi desconocidos para la inmensa mayoría de españoles. Es absurdo que su nombre permanezca en el olvido de muchos siendo como fue notable capitán, pesadilla de piratas, azote de corsarios, Adelantado y conquistador de La Florida, Gobernador de Cuba, Consejero Real, incansable y siempre fiel servidor del Reino y fundador de la ciudad de San Agustín, primer asentamiento definitivo de los españoles en la Florida.

Desgraciadamente se ha ido formando en España una casta de antiespañoles que abominan de la inmensa gloria que heredaron y sin saberlo se han puesto, fuera de tiempo y espacio, al lado de los enemigos tradicionales que siempre envidiaron su inmensa gloria. Resulta que ninguna nación del Mundo tiene una gesta ni siquiera parecida, que nunca ninguna nación pudo llevar a cabo tamañas realizaciones. Como dije en uno de mis escritos,

> Ante tanta hazaña y tanta gloria debo recordar unas palabras del gran español que fue Salvador de Madariaga, diplomático, escritor e historiador; cuando escribió que Inglaterra era el cálculo; Francia, la razón; y España, la pasión[9]; y que cada uno de estos países alcanzó la hegemonía cuando prevalecieron en las corrientes de la historia el cálculo, la razón o la pasión. El cálculo hizo de Inglaterra la primera potencia comercial y colonial en el siglo XIX; en Francia, la razón produjo la Enciclopedia y transformó políticamente al Mundo Occidental que hasta hoy sigue bebiendo en las fuentes que inspiraron la Revolución Francesa; y España logró, con el impulso colosal de una pasión arrolladora, en tiempos en que la pasión predominaba, realizar lo que era imposible según el cálculo metódico de los ingleses y la fría razón de los franceses: construir un mundo nuevo desde los cimientos e inscribir en el Mundo Occidental un continente.

---

9. Cf. Madariaga, Salvador de. Ingleses, franceses, españoles; ensayo de psicología comparada. Editorial Sudamericana, Buenos Aires, 1942.

Pedro Menéndez representa todo lo que era un caballero español del siglo XVI, capaz de llevar adelante magníficas hazañas.

Así fue este gran asturiano, el héroe inolvidable de la ciudad de Avilés, el hombre que lo dio todo por España, el mismo que nunca encontró a su hijo perdido.

Dr. Salvador Larrúa-Guedes

PREFACIO

Es necesario… obtener de la posteridad la justicia que merece nuestra gloriosa dominación en la América Española. Toda ella ha de encontrarse intacta en nuestros archivos con todas sus verdades.

Cuando se despierte de su largo sueño, nos referirá millares de hechos cuyos recuerdos siguen durmiendo con ella. Conquistas mayores que las del mismo Alejandro el Grande obtenidas por el ejemplo y la predicación. Heróicos martirios de los que no se defendian con otras armas que la palabra y la fe.

Viages admirables desconocidas guerras en lo interior de un continente tambien desconocido.

Idas y retornos de doscientas flotas llevándose nuestra industria, nuestra sustancia, nuestra sangre para traernos unos tesoros materiales que no podíamos conservar. Episodios ignorados, aunque importantísimos, de nuestras guerras marítimas que pasaron en aquellas costas y sus aguas. Ataques temerarios y triunfantes: defensas valerosas y lamentables rendiciones. Sí; esa historia aletargada en Simancas y Sevilla nos dirá también quiénes fueron muchos de nuestros Vireyes en América, los Velascos, los Marqueses de Castelfuerte y de Valero, de las Amarillas y de Revillagigedo. Como la luz disipa las tinieblas, disipará las exageraciones del P. las Casas y de Raynat, así como las imposturas de Marmontel y otras muchas inventadas para interesar á la imaginación á espensas de la verdad. Esa verdad aparecerá en aquellos grandes centros de documentos cuya puerta se abre ya sin embarazo para todos los que se proponen descubrirlo. Allí se guardan todas las relaciones oficiales de los vireyes y gobernadores, los magistrados y los capitanes, los prelados y los administradores, los viajeros y los marinos…

Dn. Jacobo de la Pezuela y Lobo
Discurso leído ante la Real Academia de la Historia
el día 21 de mayo de 1866.

CAPÍTULO I

ANTECEDENTES HISTÓRICOS

Antecedentes históricos: la villa de Avilés

Avilés es una ciudad y un concejo situados en el norte de la península ibérica, a ambas márgenes de la ría del mismo nombre. En el año 2012, el concejo contaba con una población empadronada de 83 107 habitantes, de los que 77 854 corresponderían a la villa, capital municipal que es la tercera población de Asturias, en número de habitantes. El concejo es uno de los veinte municipios agrupados que forman el área metropolitana central de Asturias.

Existen pruebas de asentamientos humanos desde la prehistoria, aunque es destacable la ciudad no tuvo población permanente hasta después de la época romana. En el siglo X con la obtención del fuero que otorgó el rey Alfonso VI, la urbe consiguió una serie de privilegios entre los que está el poder celebrar ferias y un mercado semanal, al serle designado el realengo.

Durante la Edad Moderna vivió un momento de esplendor con la llegada de numerosa nobleza que buscaba construir sus solares en la villa y el auge de la burguesía, pero después se inició un largo período de decadencia que únicamente sería salvado con el comercio de bienes con América y la posterior llegada del ferrocarril además de su intensiva industrialización, eminentemente siderúrgica, a mediados del siglo XX.

Hoy conserva en su casco antiguo un conjunto histórico artístico compuesto por palacios, casas nobles, iglesias, plazas, calles y grandes parques, junto con un patrimonio cultural en el que destacan especialmente el Museo de la Historia Urbana y el Centro Niemeyer. De los diversos acontecimientos que cada año se celebran en la ciudad son dignos de mención su Antroxu, la Fiesta del Bollo, el Festival Internacional de Cine y Arquitectura o el Festival Intercéltico de Avilés.

Se encuentra a sólo 25 kilómetros de Gijón, a 27 de la capital, Oviedo, y se comunica a través de una amplia red de autovías, ferrocarril y autobús siendo además uno de los principales puertos pesqueros y de mercancías de España.

El término Avilés procede probablemente del antropónimo romano Abilius con desinencia *esse* en lugar de *us* ya que en algunos escritos medievales conservados hay referencias hacia la villa siendo denominada Abilles y Abilies. Este final de palabra latino está presente en otros lugares de la geografía asturiana como Urbiés o Pendillés que procede de Pendilius. Atestiguan la presencia de romanos las denominaciones de otras poblaciones cercanas, como Laviana procedente de Flavius, o Llaranes que deriva a su vez de Larius y Leranes. Además, existen restos arqueológicos dispersos, como monedas encontradas en el estuario de la ría, una estela antropomórfica encontrada en Molleda y diversos enseres que avalan la mencionada presencia de este pueblo en lo que no debía pasar de una pequeña villa en el centro del territorio de los astures.

Otra teoría acerca del origen de su nombre menciona que este topónimo provendría de Ab Illas, cuya traducción al castellano actual sería hacia Illas o más bien de camino a Illas. Estas palabras se corromperían con el paso del tiempo a causa de la influencia del bable, dando finalmente como resultado Abilles y posteriormente, Avilés.[9] Por este motivo muchos estudiosos de la lengua asturiana consideran que el término correcto para denominar la localidad en dicho idioma sería Aviyés.

Los primeros documentos de su historia datan del siglo X, y nos hablan de una villa situada al fondo de la ría y protegida por el castillo de Gauzón, construido por Alfonso III el Magno para la defensa del puerto, y de las incursiones piratas. Los restos del castillo aún pueden verse en el Peñón de Raíces en lo que hoy en día es Raíces Nuevo (Castrillón). En este castillo, es donde se recubre de oro y pedrería la cruz de Pelayo para su donación a la Iglesia Ovetense.

Su situación marcó su destino tanto por ser el puerto de Oviedo, a menos de una jornada de camino fácil, como por su ría que divide a la ciudad en dos, tanto geográficamente como económicamente, pesca en Sabugo y comercio y artesanía en la villa amurallada.

En 1085, Alfonso VI otorgó un fuero a Avilés, donde ya existía una población desde tiempos romanos. El fuero de Avilés le da categoría de Villa de Realengo y a lo largo de la Edad Media apoyó siempre a la corona, a quien pagaba impuestos. Avilés no fue nunca feudo ni tuvo otro tribunal competente que los reales. El fuero original se conserva en el Archivo municipal junto con una copia romanceada, joya histórica, lingüística y jurídica por la que la villa adquiere categoría de realengo, sin sometimiento señorial y con unos privilegios económicos y civiles, guardando una inquebrantable fidelidad a la corona.

En esta época, Avilés demostró su valor estratégico en lo económico, con el monopolio de la sal, teniendo su almacenamiento y distribución. También hay que destacar su comercio marítimo, que recorría desde el cabotaje en el Cantábrico al comercio con el Norte de Europa, Portugal, Francia y la Península. El privilegio es repetidamente confirmado por los reyes, además de acrecentado y mandado respetar cuando los intereses señoriales o de las comunidades trataban de imponerse. El primer documento se perdió en fecha incierta y el conservado es una copia de 1289, según confirmación hecha por el rey Alfonso VII el Emperador en 1155. Las fuertes murallas de la villa y su ley ofrecían libertad y seguridad frente al poder de los señores y de la Iglesia. La libertad comercial fue otorgada desde "la mar hasta León", siendo posteriormente ampliada por Fernando IV a todos los reinos de León y Castilla, con excepción de Murcia, Toledo y Sevilla.[11]

El fuero tiene un gran interés lingüístico, armonizando romances tan distintos como el asturiano y el provenzal, fruto de la estrecha relación con los puertos de Francia. A diferencia de los fueros de Estella o Jaca, que están esencialmente en romance provenzal, el fuero de Avilés muestra una cierta integración de la población extranjera en la ciudad. Entre los siglos XII y XVI Avilés vive un momento de esplendor mercantil a través del tráfico portuario; en los cayos se depositaban muchas mercancías destinadas al mercado de Oviedo, lo que dio lugar a querellas entre ambas poblaciones por el reparto de tasas y tributos.

En Avilés se encontraba el alfolí de la sal[10] de Asturias y León, distribuyendo la producción de salinas gallegas, portuguesas, francesas e incluso andaluzas. En 1309 Fernando IV concede al alfoz de Avilés los concejos de Gozón, Illas, Carreño, Castrillón y Corvera. La muralla que circundaba la villa fue el condicionante de mayor importancia de la distribución urbanística. De los fuertes muros, demolidos en 1818, sólo quedan restos visibles incorporados al palacio de Camposagrado. De esta época se conserva el palacio de Valdecarzana o casa de Pedro el Cruel o de la Baragaña, que fue alojamiento y lonja de algún burgués medieval.

En el año 1479 se produjo un gran incendio en la villa y los Reyes Católicos concedieron varias mercedes para ayudar a su recuperación, como la concesión del mercado semanal de los lunes que aún sigue celebrándose. En aquella época existían grandes bosques en los alrededores, que se emplearían para la construcción de buques para las naves de la Armada Invencible, así como galeones y galeras para el servicio de los Austrias. Muchos marinos avilesinos intervienieron en hechos de armas notables. Suele decirse que Rui Pérez (aunque inves-

---

10. Almacén donde se guardaba la sal.

tigaciones recientes indican que el nombre correcto es Rui González) capitaneaba uno de los navíos de la escuadra de Ramón de Bonifaz que con su sierra en la proa cortó el puente de tablas de Triana, lo que permitió a los cristianos conquistar Sevilla, hecho que se recuerda en el escudo de la villa. Otro marino célebre es Pedro Menéndez de Avilés, primer adelantado de la Florida, y como tributo al héroe insigne, la ciudad es conocida también como *La Villa del Adelantado de la Florida* o, simplemente, *Villa del Adelantado*.[12]

CAPÍTULO II

LOS PRIMEROS AÑOS DE UN GRAN HOMBRE

Nacimiento de Pedro Menéndez

Pedro Menéndez nació en la villa asturiana de Avilés en el año 1519 en el seno de una familia hidalga. Su progenitor luchó con valor en la guerra de Granada al lado de los Reyes Católicos hasta lograr la rendición del último reducto musulmán en la península ibérica, y tal como consta en una antigua relación, fueron sus padres.

> Juan Alfonso de Avilés, hijo de Diego Rodríguez de Avilés. Este Juan Alfonso sirvió a los Reyes Católicos, en la Guerra de Granada. Casó con María de Arango. Otorgó su Testamento en Valladolid, á 20. de Octubre de 1558, ante Francisco Cerón. Tuvo veinte hijos, y entre ellos Pedro Menéndez de Avilés, Caballero de la Orden de Santiago, Comendador de Santa Cruz de la Çarça, Governador, Capitán General, Conquistador, y Adelantado Perpetuo de la Costa y Tierra de la Florida, con las Preeminencias de los de Castilla, para Él, y sus Herederos, General de la Armada de la Guarda de las Indias, y de la que se formaba en Santander. Sus huesos están en la Parroquial de San Nicolás de Avilés, y en el Sepulcro sus Armas. Otorgó su Testamento en la Villa de Santander, en 15. de Septiembre de 1574, ante Pedro de Çevallos[11]

Así nos describe la casa y el lugar el cronista Gonzalo Solís de Merás:

---

11. Árbol genealógico de Pedro Menéndez de Avilés según aparece en: Casa de los Adelantados de la Florida, Condes de Canalejas. Sociedad Histórica de la Florida, Cocoa, Florida.

... Pedro Menéndez es hijodalgo é de padres principales, descendiente de casas de solares de las antiguas de Asturias de Oviedo, donde es su naturaleza y de sus descendientes: tiene una de las más antiguas casas que hay en aquella tierra, que es la casa de Doña Paya ... y ansí se llama Monte de Rey donde ella está situada ... y dos leguas de allí está la villa de Avilés ... y la herencia que heredó de sus padres fué la mesma casa de Doña Paya y su distrito, y porque tuvo veinte hermanos y hermanas, dividióse la hacienda, de manera que todos quedaron pobres ... (El Memorial. que hizo el doctor Gonzalo Solís de Merás, de todas las jornadas y sucesos del Adelantado Pedro Menéndez de Avilés su cuñado y la Conquista de la Florida y Justicia que hizo en Juan Ribao y otros franceses 1565) .

Y continúa relatando:

Las casas antiguas de solares más cercanas de quien el Adelantado desciende, demás de la de Doña Paya, que es suya y la tiene, son la de los Cascos y Avileses, Valdeses y Menéndez Arango, Bustio y Vegil, y ansí tiene en sus armas por rétulo:

Los Menéndez son Valdeses, antigualla de los Cascos, su apellido Avileses, Consejeros de Pelayo´.

Todas las cuales casas tienen por prencipal de sus armas, y dellas y éstas todo es una por las razones expresadas, aunque todas, por emparentarse en otras principales, se tienen por tan prencipales como ella (Memorial, Solís de Merás).

Cuando el niño Pedro apenas comenzaba a caminar, muchísimas conversaciones de los mayores giraban en torno a una preocupación que entonces era constante: las historias y consejas sobre piratas y corsarios franceses que asaltaban y saqueaban los mercantes españoles y aún se atrevían a realizar osados desembarcos en diversos puntos de la costa cantábrica de Asturias. El poder de aquellos relatos sobre la mente del niño fue muy grande. La imagen del francés pasó a ser la del enemigo jurado, y si era un bandido del mar, se trataba de alguien a quien había que vencer y mejor aún, aniquilar... y su mente infantil soñaba con el momento en que él también enfrentaría a los perros del mar y los haría huir para siempre.

Primeros años

Vemos que desde muy joven Pedro Menéndez manifestó los dos rasgos de mayor peso en su personalidad: su carácter, intrépido y decidido, y su vocación al mar. Sin haber cumplido los 14 años se escapó de su casa y se dirigió a Santander para alistarse como grumete en una flota española encargada de combatir a los corsarios. Esta decisión estaba en línea con todas las historias que había escuchado en la niñez sobre los bandidos del mar, y de esta forma comenzó su aprendizaje de soldado y marino tratando de limpiar el Cantábrico de los piratas y corsarios, sobre todo franceses, que infestaban aquellas aguas. En ese momento el joven Pedro, ansioso de gloria, no sabía que estaba iniciando una fructífera carrera que lo transformaría en uno de los mejores capitanes de mar y tierra en la magnífica historia militar de España.

Entre jarcias, abordajes, obenques, sablazos, maniobras y cañonazos, pronto pasaron dos años. El joven Pedro Menéndez contaba ya 16 años, había aprendido mucho de navegación en las procelosas y agitadas aguas del Cantábrico, manejaba el sable y las armas de fuego como un veterano, y su ambición había crecido con el tiempo. En su mente comenzó a germinar la idea de comprar una embarcación y ser su propio jefe, y decidió regresar a Avilés para reclamar la parte de la herencia de su padre que le correspondía, y con ese dinero comprar y armar el buque de sus sueños.

Pero los planes de sus mayores eran otros. Una reunión familiar prácticamente lo obligó a contraer matrimonio con Ana María de

Solís, entonces una niña de 10 años. El propósito estaba claro: querían que abandonara su pasión aventurera y sentara cabeza, quedándose en Avilés para poder controlar sus pasos a fin de que no volviera a escaparse. No pudieron llevar a cabo sus propósitos porque pocas semanas después Pedro logró vender una parte de su hacienda, y con el producto compró un patache[12], que era un barco no de gran calado pero marinero y rápido, y supo atraer a varios jóvenes de la familia para que lo siguieran por los caminos del mar. Gonzalo Solís de Merás, su cuñado y sobrino, fue uno de los que se lanzó con él a aquella vida de acción y peligro y tiempo después escribió, como testigo excepcional, las crónicas de la epopeya que le tocó vivir al lado de su esforzado pariente. Pedro Menéndez regresó al mar

> y con sus amigos se metió en corso aventurero, donde tuvo é hizo
> cosas muy venturosas é notables que serían muy largas de contar13

Cómo Menéndez de Avilés limpió de corsarios y piratas el Cantábrico

Según se observa, la vida de hombre casado no consigue siempre retener en la tranquilidad de la casa a hombres como Pedro Menéndez de Avilés. A los 19 años armó su patache, formó una tripulación de 50 hombres decididos y en poco tiempo le sonrió el éxito al apresar dos buques corsarios franceses en la bahía de Vigo. Aquellos osados saqueadores habían capturado tres naves españolas con sus respectivas tripulaciones, que recuperaron la libertad gracias al coraje de Pedro y sus esforzados seguidores. Desde entonces la carrera del joven capitán no conoció obstáculos y el nombre de Pedro Menéndez de

---

12. Embarcación que antiguamente era de guerra, y se destinaba en las escuadras para llevar avisos, reconocer las costas y guardar las entradas de los puertos.

13. Ibídem (2)

Avilés pasó a ser una leyenda que hacía palidecer a los bandidos del mar que surcaban aquellas aguas. No había puerto ni embarcación que no conociera sus hazañas, ni piratas o corsarios extranjeros que no lo respetaran.

Cuando Pedro Menéndez contaba 25 años, entrado el año 1544, el corsario francés Jean Alphonse de Saintonge, en una de sus incursiones más atrevidas y exitosas, logró un cuantioso botín al apresar 18 buques españoles por aguas de Finisterre, Galicia, y los condujo al puerto francés de La Rochéle, donde quedaron al amparo de los cañones de la fortaleza y su guarnición, además de la bien pertrechada flotilla del corsario. Pero el joven Pedro Menéndez en ningún momento tuvo dudas, porque no las conocía. Al tanto del suceso, zarpó con su ágil navío y comenzó a perseguir al corsario, y aunque Saintonge buscó amparo en el puerto fortificado, el joven capitán Menéndez, en una acción naval relampagueante que parece sacada de la leyenda, entró en las aguas del puerto de La Rochéle, abordó al frente de sus hombres la nave *Le Marie*, que era la capitana del corsario, entabló una feroz lucha con el propio Saintonge, le dio muerte, y dejando a los enemigos con la boca abierta, emprendió una atrevida y rapidísima maniobra y salió del puerto con todas las velas desplegadas… no sin antes recuperar, a punta de sable y mechas de cañón ardiendo, los 18 buques, sin hacer el más mínimo caso de las amenazas del gobernador del puerto, y mal que les pesara a los barcos franceses surtos en el puerto y a la guarnición de La Rochéle.

Allí en una dura lucha recuperó las naves que el francés había capturado, y no satisfecho con esto, atacó el buque "Le Marie", donde mató personalmente al pirata francés. Pero la cosa no acabó ahí, después de la lucha, Menéndez de Avilés no pudo hacerse a la mar debido a que tenía el viento en contra, circunstancia que fue aprovechada por el gobernador de La Rochelle para amenazar al español con cañonear a sus barcos por haber roto la paz entre Francia y España (La Paz de Crepy firmada en ese mismo año). Menéndez de Avilés, no sólo no se asustó, sino que contestó cortés y razonadamente al gobernador que su persecución y combate se había realizado contra un pirata y no contra un corsario, con lo cual no había roto la paz firmada por España y Francia. El gobernador francés, muy a su pesar, tuvo que aceptar la argumentación del español y dejó vía libre para que los españoles se marcharan con todas sus presas. Menéndez de Avilés continuó con su duro oficio con éxito y fama hasta que en 1554, posiblemente, gracias a esta fama, fue elegido para ponerse al frente de la flota que debía llevar a Felipe II a Inglaterra para casarse con María Tudor. Este matrimonio tuvo un efecto beneficioso para la navegación en las costas del canal de la Mancha ya que en 1557, en Inglaterra se emite una orden autorizando el ejercicio de corso en contra de los intereses franceses, hasta entonces los más activos y peligrosos en la zona del Cantábrico y la zona del Canal de la Mancha. Pero este breve período de amistad y alianza entre España e Inglaterra acabaría pronto, en 1558, con la muerte de María y la subida al trono de Isabel I[14].

La Rochéle, en español La Rochela, era un puerto importante y viejo conocido en la historia naval española pues allí se libró en 1372, frente a la fortaleza, una gran batalla en la que las naves castellanas consiguieron una enorme victoria frente a las inglesas, a la que siguió la toma del puerto y la ciudad. Esta fue la primera batalla naval donde se utilizó el fuego de artillería naval, con la que estaban armadas las naves españolas.

---

14. Cf. Enciclopedia Militar El Gran Capitán: *enciclopedia.elgrancapitan.org/index.../Pedro_Menéndez_de_Avilés*

La tranquilidad no duró mucho, porque Menéndez tenía que agregar más fama a sus blasones, también a costa de los franceses, como se ve a continuación:

> El referido Jean Alphonse de Saintonge tenía un hijo, no menos valiente que su padre, llamado Antonio Alfonso, el cual, considerando como un deber suyo vengar la muerte del autor de sus días, y sabiendo que Pedro Menéndez había partido para América, fue con tres navíos bien armados á esperarlo á las islas Canarias. Dióse el combate en Santa Cruz de Tenerife, con tan mala fortuna para Antonio Alfonso, que cayó hecho pedazos por una bala de cañón, y Pedro Menéndez apresó sus tres embarcaciones15.

La nueva hazaña hizo crecer su prestigio vertiginosamente.

Carlos V concede patente de corso a Menéndez de Avilés

Cuando el emperador Carlos I de España estuvo al tanto de los acontecimientos, decidió llamar a Menéndez a su servicio con el encargo expreso de erradicar todos los enemigos que merodearan por el Mar Cantábrico, sin ponerle limitaciones, y le otorgó una singular patente de corso que dejaba al lado la práctica en vigor y facultaba al joven asturiano para que se apropiara de todo lo que pudiera capturar sin tener que entregar nada ni al emperador ni a la Real Hacienda. Aprovechando aquella dorada oportunidad, Pedro Menéndez se dedicó con ahínco a cumplir la instrucción real, con tanta fortuna que erradicó los piratas y corsarios de casi todo el Mar Cantábrico, de lo que nos informó Gonzalo Solís de Merás :

---

15. Cf. Ruidíaz y Caravia, Eugenio. La Florida. Su conquista y colonización por Pedro Menéndez de Avilés. Obra premiada por la Real Academia de la Historia. Tomo I. Imp., Fund. y fábs. de Tinta de los Hijos de J. A. García, Calle de Campomanes, núm. 6,MDCCCXCIII

...y por entender (el emperador Carlos I) que franceses corsarios le habían de perseguir, quiso darle autoridad y dióle título para que ... pudiese seguir corsarios, y los bienes que les tomase, fuesen suyos y de sus herederos...16

16. Cf. Memorial...

CAPÍTULO III

NUEVOS RUMBOS Y NUEVAS HAZAÑAS

Un prestigioso inmenso

En 1552, Menéndez cruzó el Mar Océano para llevar al Nuevo Mundo pertrechos de varias clases, dinero, tropas, funcionarios y elevados personajes. Los viajes enriquecieron sus conocimientos del mar y le dotaron de mayor experiencia en las artes de la navegación, al tiempo que iba creciendo su prestigio la confianza que el emperador depositaba en su persona, y fue en esta oportunidad cuando

> reconoce, sondea y explica multitud de accidentes y pasos marítimos, y traza curiosísimas cartas de marear, aprovechadas por los cosmógrafos que le siguieron[17]

La reputación militar y marinera del joven Pedro Menéndez llegó a ser tan notable que Carlos I le encomendó una misión de la mayor confianza, al encargarle en 1554 el mando del convoy que lo transportaría por mar hasta Flandes. Esto quiere decir que Menéndez iba a estar al mando de toda la escuadra de guerra y de un numeroso grupo de embarcaciones de transporte, porque junto al emperador viajaba su guardia personal y una pequeña corte de funcionarios, secretarios, escribanos, notables y personas de su confianza. Carlos I sabía que poco podía temer en una travesía por aquel mar que dominaba España porque su súbdito asturiano lo había limpiado de corsarios. Efectivamente, no había nadie con tan poca cordura que se atreviera

---

17. Ibídem (5)

a impedir el paso a una escuadra dirigida por Pedro Menéndez de Avilés.

En el mismo año 1554 tuvo lugar otro evento de capital importancia, la boda entre el príncipe Felipe, futuro Felipe II rey de España y sucesor de Carlos I, con la entonces reina de Inglaterra, María I Tudor. En esta ocasión,

> Felipe nombró a Menéndez Capitán General de la Flota de Indias é por su Consejero, para que fuese sirviendo dende la Coruña á Inglaterra, cuando fue á casar con la C.R. María de Inglaterra, y ansí le sirvió muy bien[18]

El cargo de comandante de la flota hacía recaer sobre el joven asturiano la responsabilidad de trasladar al príncipe Felipe a Inglaterra, al tiempo que el recién inaugurado cargo de consejero le hacía estar presente y participar en todos los eventos que tuvieron lugar para arribar a los acuerdos matrimoniales, así como figurar en el principesco desposorio. Gracias a esta boda, que se celebró en julio de 1554, Felipe II fue rey de Inglaterra por más de cuatro años.

Al mando de la Flota de la Carrera de Indias

Poco después de su regreso a España, Pedro Menéndez recibió el encargo de viajar a Sanlúcar de Barrameda para tomar el mando de la Flota destinada a las Indias Occidentales que zarpó el 15 de octubre de 1555. Emprendió el viaje de vuelta meses después, ya entrado el año 1556, sin contratiempos y cargado de abastecimientos y productos para el comercio. Durante un tiempo se le otorgó un nuevo mandato por el que fue además Capitán de la Flota del virrey del Perú.

Al abdicar Carlos I en su hijo Felipe II en 1556 el nuevo rey mantuvo a Menéndez a su servicio y lo nombró Capitán General de la Escuadra de la Guarda de las Costas, por lo que se hizo al mar rumbo

---

18. Ibídem. Cf. Memorial de Gonzalo Solís de Merás.

a Flandes, con lo que comenzó a custodiar aquellas aguas durante un tiempo en las mismas narices de los franceses. Burlado el enemigo, el almirante desembarcó en Calais y participó con sus tropas en la célebre Batalla de San Quintín el 10 de agosto de 1557:

> Fue también él quien, en 1557, se encargó del avituallamiento de las tropas españolas en Flandes, permitiendo la sonora victoria en la batalla de San Quintín, y para aquel entonces ya había ejercido como capitán de la flota del virrey del Perú y, finalmente, fue nombrado capitán general de la Flota de Indias. Sería precisamente allí, en el Nuevo Mundo, donde le esperaba la mayor gloria de todas...[19]

Lo anterior significa que la oportuna llegada del formidable asturiano con los abastecimientos indispensables para garantizar la subsistencia del ejército, facilitó sobremanera la singular victoria de las armas españolas en aquella gesta memorable, de forma que la batalla de San Quintín quedó para la historia militar como ejemplo clásico de un combate en el que no sólo es aplastado el ejército del adversario, sino que también su alma queda fulminada y se desvanece su arrogancia.

Esta victoria total fue en buena medida resultado de las maniobras típicas de Pedro Menéndez de Avilés, que pudo burlar la vigilancia del adversario, llegar y desembarcar en la mejor oportunidad los suministros que necesitaban las tropas.

Al cabo, cesó en el mando de la escuadra al firmarse la paz en 1559. Su contemporáneo Solís de Merás explica:

> ...se resolvió á hacerse á la vela el día 9 de Junio con las 4 naos que allí había (se refiere a Laredo), cargando en ellas la infantería y dinero referido (1.500 soldados y 1.200.000 ducados); y escoltando los na-

---

19. García Blanco, Javier. Historia de Iberia Vieja. Personajes. Hemeroteca, edición del 1 de julio de 2012, 17 de septiembre 2014

víos de lanas (24 barcos), encontró la escuadra de Pie de Palo, famoso corsario, que constaba de 8 navíos corsarios, á los cuales hizo huir, usando notables ardides, menos uno, que echó a fondo. Siguió su viaje, llegó en quince días á Douvres, desembarcó en Calais el dinero é infantería, y los navíos de lana se fueron a Gelanda…20

Muchos fueron los trabajos que Menéndez realizó en esta época. Entre tantos vale la pena recordar que en una ocasión trajo de Flandes a España 27 naves mercantes escoltándolas con sólo dos galeones y cuatro embarcaciones menores. En esta misión tuvo que enfrentarse otra vez a los corsarios enemigos cuando le salió al paso una enorme escuadra francesa compuesta de 12 galeones[21] y un patache que se lanzaron contra sus buques de escolta. Pero su empeño fue inútil porque Menéndez los burló a todos y, sin tomarlos en cuenta, regresó para escoltar los 27 lentos mercantes que de otra forma hubieran quedado inermes. Finalmente llegó a Laredo en paz con todos los mercantes.

Pedro Menéndez de Avilés diseña la Flota de la Carrera de Indias

De esta época data una de las mejores aportaciones de Pedro Menéndez a la historia naval española: diseñó el modelo de flotas de Indias partiendo de su propia experiencia naval y del conocimiento que tenía sobre el funcionamiento del sistema de convoyes en los años previos a 1556. Menéndez no inventaba nada, su gran mérito fue detallar por escrito, sistematizar, apoyar y ratificar un modelo naval que serviría de base para legislar pocos años después, entre 1561

---

20. Ibídem,
21. Bajel grande de vela, parecido a la galera y con tres o cuatro palos, en los que orientaban, generalmente, velas de cruz. Los había de guerra y mercantes. También eran galeones las naves de gran porte que, saliendo periódicamente de Cádiz, tocaban en puertos determinados del Nuevo Mundo.

y 1564, el sistema de flotas que rigió por muchos años con éxito en la Carrera de Indias.

En su modelo se indicaban todo tipo de pormenores, aunque algunos sufrieron cambios antes de su aplicación. Por ejemplo, Menéndez propuso dos fechas para la partida de las Flotas: una, a principios de abril y otra a primeros de octubre. Finalmente se establecieron dos salidas, en abril y en agosto. En cambio, no se varió la propuesta de Menéndez en relación con el detalle de la denominación de las flotas: en realidad no habría una flota de Nueva España y otra de Tierra Firme, sino que formarían una sola de manera que las naves navegarían juntas y al llegar a las Antillas se dividiría en dos, una que tomaría el rumbo a la Nueva España y otra que dirigiría las proas a Tierra Firme.

El trabajo de Menéndez en el proyecto para las Flotas de Indias explicaba minuciosamente todos los detalles: el número de oficiales que debían navegar, así como el número de alabarderos, trompetas y pífanos; señalaba la necesidad de contar con marinería adecuada y buenos pilotos para la travesía, indicaba que el segundo al mando debía navegar en barco distinto al del mando supremo, consignó el tiempo que debían estar los mandos supremos a cargo de la flota, quién tendría calificación y competencia para actuar contra el mando en caso que se iniciara un proceso judicial, el armamento que debían llevar los barcos, el tonelaje y capacidad de los mismos, la composición de la escuadra de embarcaciones de guerra que debía servir de escolta en tiempo de guerra, la antigüedad máxima de los buques que debían realizar la Carrera de Indias, los aspectos a favor y en contra de hacer escala en las Azores…

El detallado informe de Menéndez de Avilés es un documento de gran interés que se custodia en el Archivo General de Simancas bajo el título de "Memorial sobre la navegación de las Indias, hecho por

Pedro Menéndez de Avilés, que fue por capitán general a la Nueva España y vino de ella, año de 1556"[22].

Incursión contra los rebeldes en el río Amazonas

Pasó mucho tiempo sin que el monarca hiciera valer sus promesas a Pedro Menéndez de Avilés de para recompensar adecuadamente los servicios prestados, lo que no impidió que le asignara una nueva e importante misión al informarle que el capitán Lope de Aguirre, a quien llamaban "el loco" y "el tirano" se había proclamado rey del Río Amazonas, dando muerte al gobernador Pedro de Ursúa y hecho suya a la esposa de dicho gobernador. También había cometido otros desafueros, como abusar sexualmente de la hija de Ursúa, que a la sazón tenía solamente 12 años. Tras haberse enfrentado a varias tribus en territorio del delta del río Amazonas, Aguirre se había establecido en la desembocadura del gran río amparado por un grupo de fieles, llamados "los marañones". Al llegar 1561, Menéndez se hizo cargo del mando de una gran Flota que zarpó de Cádiz con destino a La Habana, cuyo propósito era llevar metales de la Nueva España a la península. Dentro de esta misión se le dio instrucciones para apresar al loco Lope de Aguirre y llevarlo ante la justicia de España.

Cuando Menéndez llegó al Caribe dividió en dos la flota: una parte se desvió hacia Panamá al mando de su hermano Bartolomé Menéndez, mientras que él puso rumbo a Nueva España. Cumplida con éxito la misión comercial, zarpó con dos naves y una fuerza de 120 soldados para atrapar a Lope de Aguirre. Cuando llegó se encontró con la noticia de que Aguirre había muerto en combate con los indios, que le habían cortado la cabeza con el fin de exhibirla en una jaula que colocaron en el centro del poblado.

Entonces, sin más demora, tomó el rumbo de regreso a España.

---

22. Archivo General de Simancas (AGS). Consejo de Castilla 46, doc. 38

Un error de la Casa de Contratación

Recién llegado a Cádiz pide permiso para volver en busca de un buque que se había perdido mientras una flota navegaba por el canal de Bahamas, pero el permiso le fue denegado. Tenía una razón especial para ese viaje, porque en el buque viajaba un hijo suyo, llamado Juan, también marino como su padre.

En lugar de ese permiso, y sin que al parecer viniera al caso, tuvo ocasión un oscuro episodio al parecer fraguado por rivalidades, celos y envidias.

De improviso, sin que mediara denuncia alguna, Menéndez fue detenido por orden de la Casa de Contratación de Sevilla. También fue detenido su hermano Bartolomé. Ambos pasaron cierto tiempo en la cárcel sin conocer los motivos de su detención y sin ser juzgados. Finalmente pudieron conocer que estaban acusados de contrabando y de ciertas enmarañadas cuestiones asociadas a competencias institucionales. Un amigo de la familia, un tal Martín Alonso, que hasta entonces había sido oficial de la Casa de Contratación, decidió renunciar a su cargo para ejercer de abogado de los hermanos, pero los extensos trámites burocráticos, entre los que se contaba copiar uno a uno todos los documentos que contenían las acusaciones, al parecer se alargaron a propósito para mantenerlos en prisión.

Pasaba el tiempo y Bartolomé Menéndez se enfermó. Ante el mal estado de su hermano, Pedro Menéndez, preocupado, se puso en contacto con varios amigos que le comunicaron la situación al rey Felipe II. Este ordenó que el juicio se llevara a cabo de inmediato. Así se hizo y poco después, sin tener claros los motivos de la acusación, Pedro Menéndez de Avilés fue condenado a pagar una multa de 1.000 ducados de oro, y Bartolomé otra ascendente a 200 ducados, antes de ser puestos libertad. Ambas multas, aunque era cantidades considerables en esa época, fueron las más insignificante que dictara la Casa de Contratación en toda su historia, ya que para los acusados de cargos similares por aquella institución, la condena mínima consistía en la pérdida de todos los bienes y la condena normal que se aplicaba, el ajusticiamiento.

El origen del citado proceso estuvo dado por el hecho de que los Oficiales de la Casa de la Contratación de Sevilla gozaban de la prerrogativa de elegir los Generales que debían tomar el mando de las Flotas de Indias, a quienes los mismos Oficiales daban instrucciones relativas a lo que debían hacer durante el viaje; y como quiera que Felipe II, sin contar con el parecer de aquel Tribunal, nombró Capitán General de la Flota de la Carrera de Indias a Pedro Menéndez de Avilés, en contra de la costumbre establecida, se sintieron ofendidos, al suponer que el Monarca, a instancias de Menéndez, había querido menoscabar los privilegios que disfrutaban los referidos Oficiales[23].

General de la Flota y Consejero del Rey

Pasaban los meses. En cierto momento, Su Majestad Felipe II le nombró General de la Carrera de Indias, además de consejero, sin dejar de prometerle recompensas por los servicios prestados y además, hacer

> demostración por el agravio que se le había hecho, porque bien entendido estaba en todo su Reino había sido acusado falsamente,

según le escribía el monarca en una de sus misivas al marino asturiano. En ese momento ya corría ya el año 1565 y Menéndez vivía un periodo de relativa calma manteniéndose en su cargo de consejero del rey Felipe II, con quien despachaba infinidad de documentos, leyendo otros o dando su parecer sobre las conveniencias o problemas que planteaba cada caso. En cierto momento le cayó en sus manos un

---

23. Cf. Ruidíaz y Caravia, Eugenio. La Florida. Su conquista y colonización por Pedro Menéndez de Avilés. Obra premiada por la Real Academia de la Historia. Tomo I. Imp., Fund. y fábs. de Tinta de los Hijos de J. A. García, Calle de Campomanes, núm. 6, MDCCCXCIII

documento que versaba sobre la Florida y las ideas de Felipe II, que proyectaba colonizar aquella tierra. Menéndez estaba convencido de que su hijo Juan, tras perderse su buque en el canal de Bahamas, en la ruta de la Flota de Indias para regresar a España, se había salvado y creía que de alguna manera pudo alcanzar la costa, donde estaría preso de alguna tribu india de La Florida. Ya llevaba ya mucho tiempo sin noticias de él.

CAPÍTULO IV

MENÉNDEZ DE AVILÉS DIRIGE SU MIRADA AL NUEVO MUNDO

La lectura del documento le inspiró hablar con el rey para que le confiara la dirección de la empresa y rogó se le concediese licencia para ello. Finalmente, Felipe II confió el proyecto al marino asturiano, nombrándole Adelantado. Pero el rey, para no desmerecer la fama de "generosidad" de que gozaba en esos tiempos la Casa de Austria, solo aportaría un buque y el resto de todo lo que se necesitara para la empresa correría por cuenta y riesgo de Menéndez, lo que era el modo de proceder o sistema habitual de la época. A pesar de todo, el esforzado asturiano aceptó de inmediato.

Hay que señalar en este momento algunas precisiones. Menéndez no es el descubridor de la Florida, pero sí es quien la conquistó y colonizó para España. Antes de él, otros exploradores españoles habían intentado adentrarse, sin éxito, en aquellos territorios.

Así, Juan Ponce de León, además de pasar a los libros de Historia como el conquistador de Puerto Rico, también fue el descubridor de la Florida, durante su segunda expedición fue atacado por los indios y murió poco después en La Habana.

Otros españoles que llegaron a La Florida antes que Menéndez fueron Alvar Núñez Cabeza de Vaca, que estaba a las órdenes del Adelantado Pánfilo de Narváez; la expedición fue un fracaso y no lograron establecerse en aquellas tierras, aunque un pequeño grupo en el que se encontraba Alvar Núñez logró explorar parte de Florida y hasta cierto punto el territorio de Texas.

Lucas Vázquez de Ayllón intentó establecerse con 600 colonos en los actuales estados de Virginia y Carolina del Sur, pero la colonia que fundaron, San Miguel de Guadalupe, no prosperó, y Francisco de Garay también abandonó la empresa.

Otro conquistador fracasado en la Florida fue Hernando de Soto, compañero de Francisco Pizarro en Yucatán y Perú. Hernando recorrió parte de la Florida y los actuales Estados Unidos meridionales, viajando con fines exploratorios por los actuales estados de Georgia, Carolina del Sur, Carolina del Norte, Alabama y Tennessee. No consiguió establecer una colonia en Florida u otra parte, y al fin falleció de debilidad, devorado por la fiebre.

Finalmente, Tristán de Luna y Arellano, en 1557, recibió el encargo de explorar el actual estado de Georgia y establecer allí un asentamiento, y lo fundó con el nombre Santa María, que tuvo vida muy corta, estuvo mucho más al oeste, en las costas próximas, y una poderosa tormenta acabó con su existencia.

Resumiendo, diremos que tras el descubrimiento de Cristóbal Colón los españoles se habían afanado en explorar y conquistar el Golfo de México y el Atlántico. Cortés logró la conquista de Nueva España y otros conquistadores se lanzaron a la exploración del centro y del sur del continente americano. Sin embargo, la colonización de Norteamérica se convirtió en una tarea mucho más lenta y ardua. Mientras que el mismo Cortés triunfó sobre los aztecas y otros pueblos en pocos meses, lo mismo que Pizarro y Almagro en el Perú, Diego Velázquez en Cuba y Ponce de León en Puerto Rico, a la Florida se enviaron ocho expediciones que fracasaron con grandes pérdidas de embarcaciones, dinero, suministros, colonos españoles, cargadores indios, caballos, armas... las grandes extensiones difíciles y pantanosas y sus naturales, indios nómadas y belicosos, hicieron inútiles todos los esfuerzos españoles por conquistarlas y derrotaron a sus ilustres jefes.

Hacía falta un hombre especial para triunfar en tierras de la Florida, y ese hombre fue el asturiano Pedro Menéndez de Avilés. Una reseña anónima de la época nos da a conocer cómo era aquél ser humano a quien se iba a encargar la conquista de la Florida:

Fuéron importantísimos, oportunos y gloriosos sus viages á aquellos Dominios, y fuéron repetidas y heroicamente desempeñadas las comisiones que se le encargaron: tuvo entre estas la de pasar á Flandes de Capitán General de la Armada de su cargo, escoltando veinte y quatro navios de comercio, y llevando un gran socorro de hombres y dinero, con que, después de haber vencido en el mar á los Franceses, llegó tan oportunamente á Calés, que puede atribuírsele en gran parte la célebre victoria de S. Quintín, como lo expresa el Autor del Ensayo cronológico de la Historia de la Florida, y la Consulta del Consejo. Sus continuos y extraordinariamente diligentes viages á Inglaterra y Flandes, y sus repetidas victorias le hacían cada día mas famoso. Le eligió el Rey por General de una Armada compuesta de ochenta velas, en que había de volverse de Flandes á España. A su arribo en el Puerto de Laredo, mandó S. M. se quedase á desarmar la Esquadra, y que en concluyendo, fuese á encontrarle á Toledo, donde le haría merced; pero sus émulos aconsejaron al Rey que no le premiase, porque sabían quería retirarse: diabólica especie de hacer mal á los que sirven bien, y son objeto de la envidia.

Quedó D. Pedro confuso de esta escasez, pobre y empeñado: no obstante pronto siempre á cumplir exactamente quanto se le mandaba, repitió sus expediciones a Indias. En estas como en otras muchas ocasiones, sus hazañas y casos singulares, que parecen increíbles le acreditáron ser el mayor hombre de su tiempo. Aunque en este término hubiera concluido su carrera, tendría su nombre bien distinguido lugar en la Historia; pero aun no se había cansado la fama de llenarle de gloria, ni la suerte de atravesarle dificultades á su fortuna, pues le faltaban todavía diez años de combatir con los enemigos de la España, y con los émulos de sus virtudes y proezas.

En esta situación, y sin mas premio que la Encomienda de Santa Cruz de la Zarza, le encargó el Rey la importante empresa de la conquista y población de la Florida, manifestándole con grandísimo contento lo mucho que se holgaría de que tomase á su cargo aquella expedición[24]

Llegan los hugonotes a la Florida: reacción del gobernador de Cuba

Mientras Gonzalo de Gayón estaba ocioso en La Habana, el 2 de febrero de 1562 varios cientos de hugonotes franceses al mando del capitán Jean Ribault zarparon en dos navíos del puerto de Dieppe, y dos meses después los encontramos desembarcando en la costa norte de la península de la Florida. Después de navegar al norte siguiendo la línea de la costa, fondearon en la actual Port Royal, donde había estado dos meses antes el piloto asturiano, y construyeron un fuerte en un islote del río, llamándolo Charlesfort. Dejaron en el sitio una guarnición de 26 hombres, y Ribault regresó a Francia para traer nuevos hombres y abastecimientos, pero la escasez de víveres y las disensiones internas tuvieron como resultado que los nuevos colonos fabricaron una embarcación y regresaron a su Francia natal[25]. Estos hugonotes no eran los únicos que habían viajado al Nuevo Mundo, pero sí los primeros con los que hicieron contacto los españoles en la Florida. Como veremos en las páginas siguientes, otras partidas de hugonotes habían llegado a tierras de América, como la que encabezó el almirante Nicolás Durand de Villegagnon, quien fundó una

---

24. Cita de un Autor anónimo.

25. Cf. Martínez, José Ramón; García, Rogelio; Estrada, Secundino. Historia de una emigración: asturianos a América, 1492-1599. Oviedo, 1996

colonia en tierras de Brasil, próxima a la actual ciudad de Río de Janeiro, a la que puso por nombre Fort Coligny.

La noticia del desembarco de los hugonotes en tierras al norte de la Florida llegó a S. M. Felipe II a través de su embajador en Francia, Chatonnay, quien lo puso al tanto de la llegada de aquellos protestantes a sus dominios. No demoró el envío de una provisión real al gobernador de Cuba, Diego de Mazariegos, con el objetivo de que enviara de inmediato un buque de reconocimiento a la Florida para demoler el fortín de Charlesfort y destruir los hitos o mojones con el escudo real de Francia, que Ribault había colocado en el territorio. La expedición fue guiada por el piloto Gonzalo de Gayón y pudo llegar a su objetivo, destruir el hito colocado por los protestantes, e incendiar la fortaleza de Charlesfort.

Provista una fragata surta en el puerto de La Habana de abundantes vituallas y artillería, Diego Mazariegos nombró a Gonzalo Gayón piloto mayor de la misma y a Hernán Manrique de Rojas, capitán de los treinta soldados que debían acompañarles. El 12 de mayo de 1564, Gayón dejaba las aguas de La Habana y después de ocho o diez días de navegación alcanzaba la costa floridana a la altura en que hoy se alza Palm Beach. Desde aquí comenzó a explorar el litoral, deteniéndose a inspeccionar las bahías, puertos y las desembocaduras de los principales ríos. De esta manera recorrió las costas de la Florida y Georgia, trabando amistad con los nativos que salían a recibirlos. Al llegar a la punta de Santa Elena, Gonzalo Gayón y sus compañeros supieron por un indio que tierra adentro, no muy lejos de allí, vivía un cristiano. Manrique de Rojas envía a este mismo indio con una cruz como mensaje a buscarlo. Resultó ser Guillaume Rouffi, un joven francés de la expedición de Jean Ribault que se había casado con una india de la tribu de Orista, dominadora de esta zona. Y cuando sus compañeros de Charlesfort decidieron regresar a Europa, él se quedó a vivir con los aborígenes cuya lengua aprendió.

Gonzalo Gayón y Manrique de Rojas llevaron consigo a Rouffin para que sirviese de intérprete. Por él supieron la ubicación del mojón o columna que Ribault colocara cerca de Port Royal –el otro hito no lo pudieron hallar–, el cual subieron a la fragata. Dice el piloto asturiano que esta columna era

> de mármol de altura de un hombre la cual estaba puesta y fijada en la tierra como a manera de mojón en la cual dicha piedra estaban esculpidas tres flores de lis y una corona encima y una letra como esta K y en letras de guarismos...

El fortín Charlesfort lo hallaron completamente vacío, ordenando Manrique de Rojas destruirlo y quemarlo...[26]

En los días siguientes, Gonzalo de Gayón se dedicó a explorar las costas de Carolina del Sur. Tiró la sonda en catorce puertos y numerosos ríos para medir la profundidad, además de tomar la altura de las mareas, y puso especial empeño en reconocer el puerto y río de Santa Elena (Port Royal) el cual, según él, tenía en esa época cinco brazas[27] de profundidad y resultaba muy propicio para albergar navíos de gran calado. Además de reconocer minuciosamente la costa, el experto piloto acompañó a Manrique de Rojas en varias incursiones tierra adentro, en las que llevaban usualmente una guardia de 24 hombres bien armados, y

> en todos los lugares que visitaron les salían de paz los indios, quienes les daban abundante comida de venados, conejos, tejones, maíz, frutas, etc. A cambio de ello, los españoles les correspondían entregándoles baratijas europeas y colocaban en estos lugares cruces, dando a entender a los indios **que las tuvieran en gran estima y respeto**[28]

---

26. Ibídem
27. Una braza tenía dos varas o 1,6718 metros
28. Ibídem (26)

Al cabo, la expedición de Gonzalo de Bayón y Manrique de Rojas dejó Carolina del Sur, con gran pesar y tristeza de los indígenas. Llevaron a La Habana al francés Guillaume Rouffin y el hito que colocara Jean Ribault, que entregaron al gobernador Mazariegos. Entonces Bayón recibió otra encomienda del jefe superior de Cuba: la de viajar a España en una carabela para dar aviso al rey de todo lo que habían logrado, visto y descubierto en su viaje[29].

Pero el buen resultado aparente no tranquilizó a Felipe II. Si los hugonotes habían enviado una expedición, podían repetirla cuantas veces quisieran. Y no dejó de hacer preparativos para liquidar la amenaza.

Preparativos y reunión de la Flota. Noticias que alarmaron a Su Majestad

Pero volvamos con Menéndez. El marino asturiano se dedicó a preparar la expedición, que difícilmente podía financiar sin contar con la colaboración decidida de familiares y amigos, además de endeudarse gravemente. En los puertos de Gijón, Avilés y Santander encargó la construcción de algunas embarcaciones al tiempo que enrolaba tripulaciones, preferentemente hombres curtidos por los vientos, el mar y las dificultades, duros y de pocos temores. Era necesario llevar soldados, armamento, pólvora, municiones y comestibles, y para todo hacía falta dinero y más dinero. Decidió viajar al puerto de Cádiz, porque allí podía encontrar capitanes expertos con sus buques, listos para una empresa extraordinaria, y pudo contratar algunos.

Por aquellos tiempos se escucharon noticias alarmantes en la corte de España. Ya se sabía que alrededor de 1562 un grupo de hugonotes franceses, buscando espacio para sus creencias religiosas, comenzaron a fomentar una colonia en Norteamérica, casi en la península de la Florida, lo que fue la causa de los avisos cursados al gobernador

---

29. Ibídem

de La Habana Diego de Mazariegos y de la expedición de reconocimiento y castigo de Hernán Manrique de Rojas y el piloto Gonzalo
de Gayón. Según informaciones, la nueva colonia fundada por los
hugonotes no prosperaba, pero las nuevas noticias alarmaron a Felipe II en 1564.

El atrevimiento y la insistencia de los hugonotes franceses era un
síntoma muy peligroso de la desenvoltura y potencia que iban ga-
nando las acciones hostiles de Francia en las Antillas. La presencia
de los herejes en la Florida, tan cerca del obligado paso de las flotas,
implicaba daños, peligros y graves preocupaciones para España. En-
trañaba, además, el desconocimiento del derecho divino que el Papa
había otorgado a la Corona para hacer suyos territorios como el de
la Florida, respecto a los cuales había actos formales de toma de posesión por parte de vasallos de los Reyes Católicos o sus sucesores,
y ponía en gran riesgo la unidad religiosa que Felipe II se esforzaba
en mantener. Amenazaba por otra parte el servicio de las flotas entre
España y las Indias, y por consiguiente hacía peligrar los rendimien-
tos económicos de las colonias. Además, podía servir de vehículo a
la intención de sublevar a los esclavos negros contra sus amos bajo la
promesa de libertarlos cuando la soberanía francesa suplantara a la
española en los dominios americanos...

El Consejo de Indias expuso estas posibilidades adversas a Felipe
II, quien trató de eliminarlas[30], ya que el dominio del estrecho de la
Florida se hizo tan indispensable para la seguridad de las comunicaciones entre las Indias y Sevilla, como el mismo puerto de La Habana.
En tal virtud, y en prueba de la confianza que le merecía la trayectoria
de Pedro Menéndez de Avilés, expidió a su favor el 22 de marzo de
1565 el Título de Capitán General como Adelantado de la Florida,
que dice en sus párrafos iniciales:

---

30. Cf. Larrúa Guedes, Salvador. Historia de la Florida Colonial Hispana. Santillana-USA, Miami, 2010, cap. II

Don Phelipe, por la gracia de Dios, Rey de Castilla, etc.—Por quanto Nos avemos mandado tomar cierto asiento y capitulacion con Pero Menendez de Aviles, Cavallero de la Orden de Santiago, sobre el descubrimiento y poblacion de la costa y tierra de la Florida, en el qual dicho asiento ay un capitulo del tenor siguiente:

"Yten: vos hacemos merced, como por la presente vos hacemos, de dar Titulo de nuestro Capitan General de toda la dicha armada y navios y gente que en ellos andubieren, y dello os mandaremos dar Titulo en forma; y que por el dicho asiento damos licencia al dicho Pero Menendez de Aviles para poder traer dos galeones y dos patajes y seis chalupas y cuatro zabras en la carrera de las Indias, para la poblacion y provision de la dicha tierra y costa de la Florida, de armada o merchante, en flota o fuera della, como él mas quisiere ó mejor le estubiere, por tiempo de seis años, que corren y se quentan desde el mes de Junio del año benidero de quinientos y sesenta y seis en adelante...[31]

Cuando llegó a España la noticia de que una nueva expedición de trescientos hugonotes franceses al mando de René de Laudonniére había llegado a la Florida pocos días después de que el piloto asturiano Gonzalo de Gayón terminara de reconocer las costas y el territorio, y de que habían levantado una fortificación que llamaron Fort Caroline en el delta del río St. John, que llamaron río Mayo, no se podían albergar dudas de que había llegado el momento de solucionar definitivamente el problema planteado por la audacia de los franceses, así como emprender la empresa de la colonización del territorio. Por otra parte, Felipe II, al tanto de todo, decidió ocupar militarmente primero y colonizar después aquella región estratégica tan cercana a la ruta por donde debían pasar las flotas.

---

31. Archivo del Conde de Revilla-Gigedo, Marqués de San Esteban del Mar, leg. 2, núm. 3, A3. En: Centro de Documentación Histórica de la Florida Colonial Hispana (CDH-FCH), Fondo Floridas.

Justo cuando Menéndez preparaba la expedición, Felipe II le ordenó expulsar a los intrusos de religión protestante que se encontrasen en La Florida o en cualquier rincón de Indias. Ya se tenía la certeza de que hacía tan solo un año, una expedición francesa al mando de René Goulaine de Laudonnière, formada por protestantes hugonotes que huían de las sangrientas guerras de religión francesas, se había asentado en un lugar al que llamaron Fort Caroline desde el que, aliados con unos caciques indios, se dedicaban a atacar colonias y barcos españoles, lo que decidió al rey a aprovechar la expedición de Menéndez para castigarlos de forma ejemplar y expulsarlos definitivamente.

Para Felipe II no había duda alguna: por derecho de conquista y por declaración de la Santa Sede, el rey de España era dueño y señor, único y legítimo, de todo el continente americano excepción hecha de Brasil, que estaba adjudicado a Portugal. Felipe II no podía, pues, consentir que extranjeros, además de no ser católicos, fundasen un establecimiento que amenazaba al comercio de las Antillas y de la América Central. Aquella inmigración francesa y de religión protestante era un doble atentado contra su fe y su señorío. Además, esos franceses piratas eran herejes que difundían sus erróneas creencias entre los que, no por ser salvajes aún, dejaban de ser vasallos suyos.

Por tanto, consideraba una prioridad la expulsión de los franceses de la Florida y la eliminación de cualquier presencia hereje. El problema exigía solución inmediata. Y para solucionarlo debía echar mano de un buen marino y hombre de su confianza. Pedro Menéndez de Avilés ocupaba un lugar cimero entre los mejores marinos de España y en la confianza real, y era la persona indicada. Felipe II le encargó recorrer las costas de la Florida y

descubrir las ensenadas, puertos y bajíos que en ella hay, para se marcar precisamente y poner en las cartas de marear, porque de no se haber hecho esto, se habían perdido muchas naos que iban y venían á las Indias, con muchas riquezas é gente y muchas armadas que el Emperador, de gloriosa memoria, su padre y S.M. habían hecho para la conquista é población de aquella tierra de La Florida[32].

Aún en Cádiz, Pedro Menéndez recibió una comunicación del embajador español en Francia: el capitán Jean Ribault había zarpado de La Rochéle con tres barcos grandes y 600 personas, entre hombres y mujeres. Pésima noticia que aceleró los preparativos porque para el Adelantado el éxito de la empresa dependía de que los franceses ignorasen los propósitos de su armada para no darles tiempo de preparar la defensa aumentando sus fortificaciones en La Florida.

Así que ordenó apurar el alistamiento de los barcos de Cádiz. Aún con el inconveniente de que la escuadra del Cantábrico no estaba lista, se hizo a la mar sin esperarla. Tras los oficios religiosos, zarpa de Cádiz el 28 de junio de 1565 rumbo a Canarias con una flota de 11 barcos, un galeón y 10 buques, donde viajaban 995 soldados, 4 clérigos y 117 hombres de diferentes oficios con sus familias, para cubrir la mayor parte de las necesidades de la colonia, incluyendo labradores que comenzarían a cultivar para garantizar los alimentos en cuanto se asentaran en el nuevo territorio. La nave capitana era el único buque sufragado por el rey Felipe II: se trataba del galeón *San Pelayo*, donde embarcaba el Adelantado y 317 hombres. En las Canarias debía unírsele la flota del Cantábrico, comandada por el general Esteban de las Alas.

Dos días después de zarpar alcanzó Cádiz el capitán Luna con 90 hombres más, pero no encontró apoyo en la Casa de Contratación, así que decidió contratar a su costa una nave, con la que buscó la reunión con el Adelantado.

---

32. Ibídem (11)

Cuando Pedro Menéndez llegó a Canarias se encontró con la sorpresa de que Esteban de las Alas había alistado con rapidez su escuadra y estaba esperándole desde la noche anterior. Viajaban con él hidalgos de Galicia, Asturias y Vizcaya, 257 marineros y 1.500 personas, a los que hay que sumar frailes de diversas congregaciones religiosas y 26 hombres con sus familias. Alas había reunido también víveres, jarcias, proyectiles y pólvora. La alegría del Adelantado fue muy grande y se ofició una misa para dar gracias a Dios.

El cronista Solís de Merás informó que la escuadra en su conjunto constaba de 34 barcos y 2.646 personas. El apoyo del rey Felipe II se limitó a sufragar un barco, la paga de 300 hombres y la de 95 marineros. El Adelantado tuvo que enfrentar los demás gastos, invirtiendo cerca de un millón de ducados, cantidad descomunal para la época.

> Temió Pedro Menéndez que S.M. habría concebido mal dél, por lo que sus menistros dél decían, por haber creído á los malsines, que habían dicho mal del Adelantado, y que estaba en su desgracia, no teniendo dél tan buen concepto como fuera razón; deseaba volver á ganar su reputación, que con tantos trabaxos é peligros é costa de su hacienda, había ganado ... y los Capitanes é gente noble que le habían seguido é servido a S.M. en su compañía, verlos pobres é necesitados, sin poderlos remediar, porque él lo estaba también, ninguna cosa que emprendiese le parecía ser dificultosa, en especial esta de la Florida, que era tanto del servicio de Dios Nuestro Señor, é de S.M. é bien general de sus Reinos á donde, por lo bien que sirviese en esto, tenía entendido que cuando el galardón del Rey le faltase, el de Dios Nuestro Señor no le había de faltar ... como está dicho, que de todos no pagó S.M. más de 300 soldados é un navío; todo lo demás fue á costa del Adelantado, que buscó todo el favor que pudo de deudos é amigos, que le ayudaron muy mucho, entendido ser esta empresa

del servicio de Dios é de S.M.; é Pedro del Castillo, vecino é Regidor de Cádiz, grande amigo del Adelantado, se señaló en esto más que todos, en ayudarle con su hacienda é la de sus amigos, que é solo lo dexó endeudado en veinte mill ducados...[33]

---

33. Ruidíaz y Caravia, Eugenio. La Florida. Su conquista y colonización por Pedro Menéndez de Avilés. Obra premiada por la Real Academia de la Historia. Tomo I. Imp., Fund. y Fábs. de Tinta de los Hijos de J. A. García, Calle de Campomanes, núm. 6,MDCCCXCIII. Memorial de Gonzalo Solís de Merás, p. 1

CAPÍTULO V

LA EXPEDICIÓN A LA FLORIDA

La expedición a la Florida y su significado

No comenzó bien el viaje porque a los dos días de zarpar de Canarias sufrieron un fortísimo temporal que dividió a la escuadra y dos carabelas se vieron precisadas a regresar. Esteban de las Alas quedó con un grupo de cinco buques. El 20 de julio fueron sorprendidos por una intensa borrasca, que obligó a aligerar los barcos echando al mar buena parte de la carga. El galeón de Menéndez, más resistente, llegó menos dañado que los otros a Puerto Rico, arribando a San Juan el 9 de agosto de 1565 acompañado de un patache. Los demás buques que fueron llegando venían con daños, serios en ocasiones, por lo que el Adelantado ordenó efectuar las reparaciones más imprescindibles a los buques antes de zarpar nuevamente hacia la Florida en busca de los hugonotes franceses.

Cuando decidió zarpar de Puerto Rico, aún no se habían reunido todos los buques dispersos de la escuadra y sólo disponía de la tercera parte de su gente, ignorando si el resto se había perdido a causa de las tempestades o si llegarían finalmente los barcos de Asturias y Vizcaya.

Durante la travesía de Puerto Rico a Florida ordenó Menéndez que los soldados de su galeón ejercitaran la puntería, de manera que diariamente cada soldado debía realizar tres disparos, con el fin de que perdiesen el miedo a los arcabuces. Ofrecía premios a los que mejor tirasen así como a los jefes que entrenaran mejor a los soldados.

Finalmente, el 28 de agosto de 1565 pudieron ver las costas de Florida. Ese día comenzó la gesta más difícil y peligrosa que realizaran los españoles en tierras América. Desde el primer intento realizado por Juan Ponce de León habían pasado 52 años y varios hombres, muchos de ellos marinos ilustres y otros con gran experiencia, no habían podido vencer las abrumadoras dificultades que presentaba la tierra de la Florida. Pantanos, indios belicosos que no fundaban pueblos por ser nómadas que aparecían y desaparecían en el momento menos pensado, escasez de alimentos… para sobrepasar todos estos problemas, primero sería necesario vencer a los franceses. Y los franceses estaban armados con las mismas armas, poseían barcos artillados, habían erigido una fortaleza en la que emplazaron cañones, y usaban técnicas similares de combate.

Se debe aclarar, en este punto, que en la conquista de América el caso de la Florida fue único e insólito: primero fue necesario desalojar a un enemigo poderoso, los hugonotes franceses que eran numerosos y estaban tan equipados para la guerra como los españoles, antes de empezar la lenta y difícil tarea de pacificar indios hostiles sin domicilio fijo que aparecían y desaparecían en la bruma de los pantanos, hablaban dialectos diferentes, usaban flechas envenenadas y atacaban de repente, en masa, esfumándose después como por arte de magia. Después sería necesario obtener alimentos de un suelo pobre y mal agradecido, a base de tropezones y escaseces. En cierto momento, las relaciones originales de la gesta de Menéndez de Avilés en la Florida fueron copiadas y certificadas en la Colección de Manuscritos del Depósito Hidrográfico de Madrid[34], y de su lectura resaltan dos hechos que no tienen discusión:

---

34. Pezuela, Jacobo de la. Discursos leídos ante la Real Academia de la Historia en la recepción pública de D. Jacobo de la Pezuela, el día 21 de mayo de 1866. Imprenta á cargo de Ramón Soler, Calle de San Gregorio, 85, Madrid, 1866, p. 31

El primero fué que Menéndez con menos de seiscientos españoles mató, apresó o espulsó de la Florida á cerca de dos mil protestantes franceses; y el segundo que, si tuvo que ser cruel de necesidad con una parte de ellos, con los demás usó de más clemencia que la acostumbrada en el feroz tiempo de las guerras de religion. Con no reparar mas en la suya, cuando tantas tan inferiores ha realzado, injusta anduvo la historia con la gran figura del jamás vencido comendador D. Pedro Menéndez de Avilés, autor de grandes adelantamientos navales y náuticos[35]

Sigamos ahora con la historia. En el momento del desembarco, y de acuerdo con la práctica religiosa de entonces, Pedro Menéndez de Avilés y sus hombres bajaron a tierra y de rodillas, dirigidos por el Padre Francisco López de Mendoza y Grajales, entonaron el *Te Deum Laudamus*, alabando a Dios y suplicándole les otorgase su gracia y sus favores[36].

Desembarcaron 20 hombres que se adentraron en el territorio para explorar. En el camino tuvieron un encuentro con los indios timucuas, quienes pidieron conocer a su jefe. Después intercambiaron regalos con los españoles y comieron juntos, en ese primer Día de Acción de Gracias celebrado en lo que hoy son los Estados Unidos. Y en este punto, colindante con la actual ciudad de San Agustín, que fundaron poco después, erigieron más tarde la misión del Nombre de Dios y el Padre López de Mendoza ofició el sacrificio de la una misa, y en un lugar muy próximo comenzaron a echar los bases de un nuevo asentamiento, que poco después de convirtió en la ciudad de San Agustín, para honrar al santo del día, San Agustín de Hipona.

Actualmente, San Agustín es también el patrón de la ciudad española de Avilés, cuna del Adelantado.

---

35. Ibídem, pp. 31-32

36. López de Mendoza y Grajales, P. Francisco. Relación del Viaje a la Florida. En: CDH-FC, Fondo Floridas, 1565, digital.

A pesar de los esfuerzos de Menéndez por adelantarse a la llegada de los refuerzos franceses que traía el capitán Jean Ribault, la tempestad que los había sorprendido retrasó su avance, así que al llegar a la Florida el capitán ya se había reunido con sus compatriotas. Aquel contratiempo no amilanó al audaz marino asturiano, habituado a enfrentar y vencer los corsarios franceses. Los nativos le habían informado que éstos se encontraban un poco más al norte, como a unas veinte leguas de distancia y Menéndez les regaló diversas baratijas con lo que quedaron muy contentos. A continuación los buques se dirigieron a un lugar próximo al que les señalaran los nativos, y al llegar a la desembocadura de un río, que luego se llamó San Juan o río de Mayo, avistaron cuatro galeones franceses. El lugar donde se habían establecido se llamaba Fort Caroline, igual que la fortaleza que levantaron. Los españoles descubrieron otras embarcaciones francesas hasta un total de once, más que las españolas. Pero no era el número de barcos franceses algo que pudiera hacer retroceder al asturiano Pedro Menéndez de Avilés.

Menéndez se alejó un poco del lugar para no ser visto, y tomó la decisión de convocar al Consejo de Guerra para explicar a sus oficiales sus intenciones, que no eran otras que atacar de inmediato y terminar con todo aquello lo antes posible. Sus oficiales intentaron disuadirle diciendo que esperara al resto de la flota, porque estaban en clara inferioridad debido a la fatal tormenta que habían sufrido. Por esta causa los barcos tenían serias averías y estaban medio desmantelados, además de que sólo contaban con un galeón que pudiera compararse a alguno de los cuatro franceses que habían avistado; pero el Adelantado impuso su criterio. Él no quería esperar, y estaba seguro de que podía compensar la inferioridad de sus medios con la sorpresa del ataque, sin contar que contaba con el temple de sus hombres, todos veteranos que no conocían el miedo. Su conclusión fue que iban a atacar a los franceses esa misma noche.

El Adelantado esperó a que anocheciera. La suerte parecía respaldar sus planes, pues se desencadenó una tormenta y la oscuridad era cerrada. Entonces navegó a toda vela en aquellas tinieblas, guiándose por las luces de los buques franceses que le permitían conocer aproximadamente la posición y el rumbo. Al llegar a una distancia prudencial, con el máximo sigilo arriaron velas, dejando sólo las más pequeñas para continuar despacio hacia su destino, remontando un poco el río. Esto les permitió acercarse a los franceses sin que estos se percataran de su maniobra, porque Menéndez, como buen estratega, colocó sus barcos entre la costa y los buques franceses para impedirles tanto el desembarco como la huida.

Eran casi las 12 de la noche cuando los hugonotes se percataron de la cercanía de los españoles y empezaron a disparar la artillería, con muy escaso resultado. El experimentado Menéndez había advertido a los capitanes y jefes de artillería de sus barcos que no dispararan hasta que él lo ordenase, y continuó con su táctica.

El San Pelayo buscaba el abordaje a la nave capitana francesa y se acercó tanto que al final la tocó tras haber colocado su popa entre la proa de dicha capitana y otra nave. En esta posición tenía ventaja para el abordaje por la altura de la popa española. Los españoles encendieron luces y tocaron tambores y trompetas; preguntaron a los franceses de dónde eran, qué hacían allí y qué religión tenían. Respondieron los franceses que traían hombres y víveres a La Florida, que eran de religión protestante y que su capitán se llamaba Jean Ribault.

Tras identificarse, el Adelantado les invitó a rendirse, respondiendo los franceses con risas y burlas. Ante esto, Menéndez ordenó el abordaje.

Respondieron muchos juntos palabras muy desvergonzadas y deshonestas contra el Rey Nuestro Señor, nombrándole por su nombre, y contra el dicho Adelantado y diciendo: tal y tal sea para el Rey Don

Phelippe y para Pedro Menéndez, y si eres hombre valiente, como se dice, ven y no aguardes á la mañana; y el Adelantado, oídas tantas deshonestidades que decían en perjuicio de su Rey, mandó largar el cable para abordar con los enemigos37

Los franceses entonces rompieron amarras y desplegaron velas, tratando de escapar hacia el mar abierto. Los españoles querían evitarlo y comenzaron a tirar garfios de abordaje, pero no consiguieron sujetarlos porque los franceses cortaban con sus hachas los garfios en cuanto se enganchaban en las bordas.

No es de extrañar que aquellos franceses huyeran ante la idea de enfrentarse al abordaje de los españoles: recordemos que en aquella época los soldados españoles eran los más temibles y esforzados de Europa, al igual que los legendarios Tercios de España no conocían rival en ningún ejército del mundo. Ante la retirada francesa, a la que ayudó la corriente del río y el hecho de que sus barcos estuvieran ligeros y vaciadas las bodegas, comenzó una persecución por mar abierto que duró toda la noche, sin que los españoles consiguieran darles alcance. El *San Pelayo* tampoco pudo alcanzar a la nave capitana francesa ni a la que le acompañaba, pues Menéndez perseguía a aquellas dos naves a las que había acercado su popa. Hay que tener en cuenta, además, que los barcos españoles tenían menos navegación que los franceses debido a que habían sido maltratados por las tormentas durante el viaje de Canarias a La Florida. Finalmente, aparecieron en lejanía en la desembocadura otros cinco buques franceses que por la noche habían estado anclados más adentro del río.

Ante la situación, el Adelantado dio orden de virar de bordo y regresar a San Agustín. A pesar de toda su experiencia en el mar había

---

37. Ruidíaz y Caravia, Eugenio. La Florida. Su conquista y colonización por Pedro Menéndez de Avilés. Obra premiada por la Real Academia de la Historia. Tomo I. Imp., Fund. y Fábs. de Tinta de los Hijos de J. A. García, Calle de Campomanes, núm. 6,MDCCCXCIII. Memorial de Gonzalo Solís de Merás

fracasado en su intento de asaltar los barcos franceses, pero no estaba dispuesto a que las cosas se quedaran así.

En San Agustín se realizó una misa, como de costumbre, rogando a Dios por la victoria sobre los enemigos.

Envió unos hombres con un emisario para llegar a un acuerdo con el cacique indígena timucua, al que llamaron Carlos, con el fin de montar un fuerte cuyo lugar les marcó el propio jefe indio por ser buen punto de vigilancia de la entrada del río.

Los indios no sabían nada sobre el paradero de su hijo Juan.

Al llegar el 6 de septiembre de 1565, Menéndez mandó desembarcar 200 hombres con el fin de asegurar la posición, y el día 7 ordenó entrar en la pequeña dársena a los tres barcos de menor calado así como el desembarco de otros 300 hombres, además de provisiones, municiones y aperos de labranza. En tan solo 24 horas consiguieron levantar una empalizada bien construida que sirvió de abrigo a los trabajadores y de parapeto defensivo a los hombres de armas. Todo se realizó con rapidez ante los ojos maravillados de los indios que contemplaban admirados aquella actividad inusitada.

El día 8 de septiembre de 1565, el Adelantado bajó a tierra con gran pompa, llevando las banderas desplegadas, en medio del tronar de los disparos de la artillería y el sonido marcial de las trompetas. Después se cantó el *Te Deum Laudamus* por el Padre Francisco López de Mendoza y Grajales, capellán de la expedición y primer párroco de San Agustín. Menéndez se acercó a la cruz que portaba el capellán y, rodilla en tierra, la besó. Los indios imitaron estos procedimientos. El Padre celebró una solemne misa y, finalizada esta, Pedro Menéndez tomó posesión de la tierra en nombre del rey de España, y a continuación, tras tomar juramento de fidelidad y lealtad a sus capitanes, hizo dar de comer a los indios en lo que fue oficialmente el primer Día de Acción de Gracias, el verdadero primer Thanksgiving en Norteamérica[38], pero debemos tener en cuenta que el 28 de agosto se había efectuado una celebración similar por haber culminado el viaje a la Florida felizmente.

Todo lo ocurrido no le hizo perder de vista que dos de sus barcos se habían quedado fuera de la ensenada porque tenían mucho calado y no podían entrar en puerto para no averiarse contra los bajíos del litoral, lo cual era una invitación a los franceses para apoderarse de ellos. Menéndez, muy previsor, ordenó desembarcar todo lo que fuese de utilidad y a continuación decidió que uno de los barcos pusiera rumbo a España y el otro a Santo Domingo, ambos con la orden de informar de todo lo sucedido. Al que iba a Santo Domingo, además, se le indicó que en caso de que hubieran llegado más buques de su expedición se reunieran todos en San Agustín.

Conseguía así otra cosa importante: alejar de la costa a los dos buques que no podían fondear al abrigo del puerto. Pensó que aquellos buques franceses, a los que días antes había hecho huir, tardarían cuatro días en regresar y encontrarle. Y, efectivamente así sucedió, porque horas después de haber zarpado los dos buques españoles aparecieron los barcos franceses en el horizonte, justo cuatro días después de su fallido intento de asalto por mar a la posición de los hugonotes. De esta forma Menéndez salvó las dos embarcaciones para que no cayeran en manos del enemigo.

Mientras, Ribault había decidido pasar al contraataque. La nueva amenaza francesa estaba compuesta por cuatro galeones y dos pinazas[39], con 600 hombres a bordo y fuerte artillería. Durante horas merodearon por las cercanías sin atreverse a atacar, estudiando la

---

38. Archivo General de Indias (AGI). Patronato 19, R. 17. Relación del P. Francisco López de Mendoza. En: CDHFCH, Fondo Floridas, Digital, 1565.

39. Embarcaciones pequeñas y ágiles, dotadas de remo y velas, que se utilizaban en el comercio y transporte marítimo.

situación. Los españoles, por su parte, habían tomado las precauciones pertinentes: cavaron trincheras y colocaron la artillería de tierra.

Los franceses decidieron desembarcar, pero cuando empezaron a utilizar los botes y las pinazas para efectuar el desembarco se desató una fortísima tormenta que provocó daños en los barcos franceses y les obligó a suspender la operación. Entonces se alejaron, evitando que el mar los lanzase contra los bajos, y buscaron un lugar más seguro para esperar que terminase la tormenta. Pero era difícil encontrarlo con el mal tiempo imperante, porque si se acercaban a la costa el mar los arrojaría contra las rocas. Por tanto, tendrían que capear el temporal en mar abierto, donde sufrirían fuertes desperfectos y correrían un gran riesgo de naufragar.

La experiencia de Pedro Menéndez le permitió evaluar certeramente la situación: en primer lugar, los fuertes vientos, cuando no soplaban violentos contra la costa, eran fuertes y llegaban contrarios a la entrada de las dársenas. En segundo lugar, esos vientos podían soplar durante varios días, y en tercer lugar, los daños sufridos por los barcos franceses les impedirían regresar para atacar San Agustín al menos en los próximos ocho días. Menéndez sospechó que los barcos franceses, por miedo al temporal, tampoco tomarían el rumbo de Fort Caroline. Por otra parte, ya que habían llegado hasta la posición española con ánimo de atacarla, habría quedado en Fort Caroline una guarnición pequeña.

CAPÍTULO VI

MENÉNDEZ DE AVILÉS DERROTA A LOS FRANCESES

Después de reflexionar sobre todos estos detalles, el asturiano llegó a una conclusión muy de acuerdo con su carácter y su formación militar, lo que nadie podía pensar en circunstancias semejantes, lo que cualquier estratega hubiera calificado de imposible: tuvo la temeraria idea de asaltar directamente la posición francesa, caminando hacia el norte a través de la selva aunque hubiera que hacerlo en medio de una feroz tormenta, y tal como se podía esperar de un jefe de su genio y su carácter, pasó inmediatamente a poner en práctica su idea[40].

Toma de Fort Caroline

El Adelantado organizó sus fuerzas. Dispuso que se formaran 10 compañías al mando de un capitán y con 50 hombres cada una, la mayoría arcabuceros, y cargados al máximo con todo tipo de armas y alimentos para ocho días. De entre los 500 hombres, Menéndez escogió a 20, todos vizcaínos o asturianos, para marchar con él en cabeza, en la que iría acompañado del capitán Martín Ochoa. Nombró a su hermano Bartolomé gobernador interino de San Agustín con la orden de que, en caso de ser atacados en su ausencia, siguieran

---

40. Cf. Ruidíaz y Caravia, Eugenio. La Florida. Su conquista y colonización por Pedro Menéndez de Avilés. Obra premiada por la Real Academia de la Historia. Tomo I. Imp., Fund. y Fábs. de Tinta de los Hijos de J. A. García, Calle de Campomanes, núm. 6, MDCCCXCIII. Memorial de Gonzalo Solís de Merás

el camino que ellos irían abriendo, haciendo así correr la voz de que regresasen a San Agustín para su defensa.

El día 16 de septiembre, después de los oficios religiosos y llevando dos indios como guías, se inició la marcha por la selva, atravesando bosques vírgenes, cortando malezas y arbustos, y hasta árboles si era necesario, dejando expedito un camino que pudiera seguir el resto de hombres. Cada capitán debía marchar separado del anterior, pero no demasiado, para evitar que algún grupo se extraviara o se perdiera el contacto entre ellos. El recorrido no era demasiado largo pero estaba lleno de dificultades, porque además de los bosques y arboledas debían atravesar terrenos pantanosos, muchas veces con el agua por las rodillas, que les llegaba la cintura en ocasiones. Cuando no marchaban entre aguas de pantano caminaban hundiéndose en el fango formado por las últimas lluvias torrenciales. Por otra parte, continuaban los aguaceros entre ráfagas de viento, con lo que se puede imaginar el agotamiento que sentían… a veces, un tronco de árbol cortado les servía de puente para salvar otros obstáculos. En definitiva, marchaban por un terreno áspero y difícil que hubiera desanimado a cualquier hombre con excepción de aquellos asturianos esforzados.

Menéndez iba en la vanguardia con sus 20 hombres y cuando habían despejado una parte del camino, regresaba a comprobar que todo iba quedando franco para los grupos que venían detrás, de manera que como mínimo caminó el doble que sus hombres. Cuando veía acercarse al primer capitán que le seguía se acercaba para comprobar que nadie se perdía y ordenaba a este grupo que ensanchase un poco más el camino por los costados para hacerlo más visible y dejar más libre el paso a los grupos que venían detrás. Con tremenda energía se ocupaba de todos los detalles: el Adelantado, además, elegía los lugares de descanso y decidía las paradas para comer o pernoctar. En una de sus idas y venidas para comprobar el camino se hizo de noche, por lo que decidió quedarse con el grupo más próximo. Entonces escuchó que algunos hombres no estaban muy de acuerdo con aquella expedición tan agotadora, y que incluso algunos querían regresar. Entonces, Menéndez se hizo el dormido y cuando los demás cayeron rendidos de cansancio, despertó al tambor y le ordenó tocar a rebato, lo que sobresaltó a todos, pero el Adelantado les recordó

> que era preciso descansar con los ojos abiertos, so pena de perder la vida, y agregó que el que quisiera regresar podía hacerlo, pero que nada esperara de él y sus compañeros, pues cuando estos volvieran con la victoria sobre los herejes, si eran buenos españoles y católicos, se arrepentirían de no haber participado, pero ya sería tarde pues serían mirados con desprecio por no haberse empleado a fondo en aquella contienda[41].

A continuación, les dijo que dejaba en manos de cada uno de ellos la decisión de seguir o regresar.

Así anduvieron cuatro interminables días hasta que al alba del quinto encontraron una senda, de la que pensaron que muy posiblemente les llevaría directamente al fuerte francés. Una avanzadilla descubrió Fort Caroline, que estaba muy cerca de la selva y sólo contaba con un pequeño espacio de terreno despoblado y limpio, por lo que no era muy difícil acercarse a las empalizadas.

En ese momento se produjo cierta alarma entre la tropa cuando los hombres se dieron cuenta de que la pólvora de los arcabuces estaba húmeda, lo que impedía usar las armas de fuego. No era de extrañar, pues las copiosas lluvias no cesaban. Pedro Menéndez nuevamente les habló, esta vez preguntándoles que desde cuándo un español con espada o daga no era capaz de abrirse camino a través de enemigos, a lo que añadió que ellos eran tantos como los franceses que había dentro del fuerte pero que contaban con la ventaja de la sorpresa, que

---

41. Ibídem.

estaba de su parte. Finalizó arengándoles y les aseguró que era imposible perder la jornada, que nada había que temer y mucho que ganar.

El Maestre de Campo Pedro de Valdés dijo entonces que iría él delante con el capitán Martín Ochoa, pues así sería de más fácil marchar en silencio, ya que si más hombres iban en la avanzada, podrían alertar a los del fuerte. Dos horas antes del amanecer se pusieron en camino, y no tardaron en tropezar con un centinela que les pidió identificarse, y Martín Ochoa respondió que eran franceses. Con esta artimaña se fueron acercando y al estar lo bastante cerca atacaron al centinela, poniéndole la punta de la espada en la garganta. El centinela soltó sus armas pero se puso a gritar para alertar a los suyos, así que el Maestre no lo pensó y lo atravesó con su espada.

Los dos españoles, Valdés y Ochoa, echaron a correr hacia la puerta que los franceses habían abierto a las voces de su compañero. Pedro de Valdés dejó a dos fuera de combate, mientras Ochoa hizo lo mismo con otros dos. Empezaron a salir más franceses, algunos acababan de levantarse de la cama.

El Adelantado pudo oír al centinela, se puso al frente de la tropa y al grito de ¡*Santiago, a ellos!*, dos de los grupos que esperaban agazapados en la selva se lanzaron al ataque. A la cabeza iban los más esforzados: el Maestre de Campo, su lugarteniente Valdés, y el capitán Ochoa, que se empeñaron en un rudo combate en la misma puerta del fuerte. Los primeros en llegar en ayuda del Maestre y de Ochoa, que trataban de forzar el portón, fueron los alféreces Rodrigo Troche y Diego de Maya, y este fue el principio del fin del fuerte. La sorpresa era total entre los franceses. Enseguida los españoles se abrieron paso entre los defensores, y Menéndez, cuando entraba en el fuerte, chocó con un francés que huía, al que apresó; interrogado el francés, que resultó ser el oficial de guardia, le explicó que una cabaña, a la que llamó la Granxa, estaba llena de armas, víveres y municiones, pero dijo que no había pólvora. Entonces el Adelantado envió seis hombres a la cabaña para que la guardasen y él, nada más entrar en el fuerte, ordenó tajantemente que so pena de la vida, ninguno hiriese ni matase mujer ni mozos menores de 15 años.

Recordemos que Pedro Menéndez había recibido de Felipe II la orden tajante de exterminar la presencia de herejes allá donde los encontrase, pero respetó la vida de esas mujeres y niños

> *...porque temí que Nuestro Señor me castigara si usara con ellos de crueldad[42]*

El jefe del fuerte, un fanático calvinista y descendiente de una familia noble, de nombre René Goulaine de Laudonnière, pudo escapar junto a otros 60 hugonotes. Sólo llevaban consigo las escasas ropas que los cubrían y algún arma que pudieron alcanzar, y en esas condiciones se internaron en la espesura de la selva. Los franceses tuvieron 142 bajas en aquella jornada terrible. Cumpliendo las órdenes de Menéndez, se salvaron 70 personas, entre mujeres y menores de 15 años, mientras que los españoles sólo tuvieron un hombre herido. Pero no había terminado el desastre de los hugonotes... controlado el recinto, Menéndez se dirigió hacia donde se veían algunos buques fondeados. Había dos barcos españoles que los franceses habían capturado en su travesía del Atlántico; otro barco estaba en construcción, y tres buques franceses en el muelle con gente a bordo. No había problema en capturar los barcos españoles, pues estaban desprotegidos, pero quedaban los tres franceses, cuyos tripulantes se negaron a rendirse. Por una mujer prisionera el Adelantado supo dónde podía encontrar barriles de pólvora, municiones y todas las herramientas necesarias para cargar y disparar cañones, y con este hallazgo ordenó mover

---

42. Cf. Ruidíaz y Caravia, Eugenio. La Florida. Su conquista y colonización por Pedro Menéndez de Avilés. Obra premiada por la Real Academia de la Historia. Tomo I. Imp., Fund. y Fábs. de Tinta de los Hijos de J. A. García, Calle de Campomanes, núm. 6, MDCCCXCIII. Memorial de Gonzalo Solís de Merás

cuatro piezas de artillería del fuerte y, transportarlas hasta la ribera, donde las instalaron apuntando a los barcos.

Entonces el Adelantado conminó a los tripulantes invitó a la rendición, pero ellos negaron, por lo que envió al oficial de guardia francés que el mismo había hecho prisionero, con el encargo de decirles a los embarcados que si se rendían no les pasaría nada y que les dejaría marchar con las mujeres y menores supervivientes del fuerte, pero si se resistían serían pasados a cuchillo por herejes. Cuando el prisionero francés regresó tras parlamentar con sus paisanos, informó a Menéndez que el jefe de esos barcos era Jacques Ribault, hijo de Jean Ribault, que su padre era el Capitán General de esas tierras en nombre del rey de Francia y que si el Adelantado español le hacía la guerra él estaba dispuesto a devolver golpe por golpe.

Ante aquella respuesta Menéndez ordenó disparar, y el primero que lo hizo fue el capitán Diego de Maya, al que consideraban el mejor artillero de todos los allí presentes. El proyectil fue muy certero, impactando en el costado del buque a flor de agua, de forma que en muy poco tiempo el buque quedó inundado y comenzó a escorar. Los tripulantes de los otros dos barcos, al ver el destrozo que causaban los disparos de los españoles no se atrevieron a atacar y huyeron después de cortar las amarras, perdiéndose a lo lejos ayudados por la fuerte corriente del río.

Los españoles regresaron al fuerte, donde hallaron buena cantidad de armas y municiones pero, sobre todo, víveres y ropa, porque no tenían reservas. Entonces, finalmente, pudieron descansar.

Al amanecer del día siguiente se tocaron tambores, se reunió la tropa y se rebautizó el fuerte francés: se llamaría San Mateo, para honrar al santo del día[43].

Actualmente, el lugar de San Mateo, antes Fort Caroline, pertenece a la ciudad norteamericana de Jacksonville.

---

43. Ibídem,

Nuevos enfrentamientos

Menéndez, siempre al tanto de todos los detalles, tenía una preocupación: temía que los franceses contraatacasen en San Agustín. Por tanto, nombró gobernador de San Mateo al sargento mayor Gonzalo de Villaroel, asignándole una fuerza de 300 hombres. Por otra parte, los vigías habían distinguido unas velas en lontananza, y sospechó que pertenecían a barcos franceses que estaban esperando a los colonos que escaparon del fuerte, por lo que mandó a un grupo de hombres para que dieran una batida por la selva, donde encontraron a 20 franceses que, al oponer resistencia, fueron todos muertos. Poco después llegó al fuerte un grupo de indios .que conducían a otros franceses que habían atrapado, y los entregaron a los españoles. Los prisioneros confesaron que René Goulaine de Laudonnière, junto con otros 29 franceses, había conseguido llegar a los barcos. Menéndez les perdonó la vida y les invitó a regresar a Francia.

Reunió a 35 de los hombres de su mayor confianza a los que les dijo que se preparasen para partir al día siguiente camino de San Agustín. A continuación convocó un Consejo de Oficiales, a los que les explicó que cuando llegara pertrecharía dos barcos para remontar el río y tratar de dar caza a Laudonnière y sus franceses.

El día 28 de septiembre, el pequeño grupo emprendió el regreso a San Agustín, que duró un día menos que la primera marcha realizada en sentido contrario, aunque en condiciones todavía peores, porque las lluvias tropicales que la otra vez formaron lodos y terrenos pantanosos, ahora crearon rápidas corrientes muy difíciles de vadear. Incluso llegaron a perder el rumbo y algunos hombres tuvieron que subir a los árboles para desde las alturas redescubrir la senda. Todo esto se hacía sin que dejaran de caer aquellas lluvias torrenciales, lo que transformó el empeño en una sacrificada caminata.

Por fin, ante la cercanía de San Agustín, uno de los hombres solicitó a Menéndez el privilegio de adelantarse para dar el primero la noticia, merced que se le concedió. Poco después llegaría Pedro Menéndez con el resto de hombres, y su regreso provocó muchas muestras de alegría en la pequeña población.

Pero el Adelantado seguía pensando que había gran posibilidad de un ataque francés, así que mandó cavar nuevas líneas de trincheras y recolocar la artillería en posiciones mejores. Al día siguiente llegaron unos indios que le informaron de muchos franceses habían naufragado no muy lejos de allí, a unas cuatro leguas. Menéndez, que había acertado al pronosticar que los barcos franceses iban al desastre y que se encontrarían a merced de las tormentas, partió con 40 hombres para comprobar la certeza del informe, y al otro lado de un brazo de mar se vio de pronto frente a unos 200 franceses. Al comprobar su número, el Adelantado mandó que sus hombres se escondieran, excepto unos pocos, para que el enemigo no advirtiera su escaso número. A gritos se comunicaron con los franceses, y uno de ellos, un gascón natural de San Juan de Luz, les dijo en perfecto español que eran franceses, creyentes de la nueva religión, y que tratando de ir a Fort Caroline sus buques habían naufragado por las últimas tormentas. Agregó que estaban allí porque no podían cruzar el río, y le pidieron ayuda además de preguntarle a Menéndez quiénes eran ellos. El Adelantado le contestó que eran españoles, que aquella tierra era posesión del rey de España y que estaban allí para convertir a los indígenas a la verdadera religión, añadiendo que si querían ayuda debían entregar previamente sus armas[44].

Tardaron dos horas en decidirse y después pidieron un bote en el cual cruzaron el río cinco franceses para parlamentar con el Adelantado. Le ofrecieron por sus vidas 50.000 ducados, pero Menéndez se negó explicando que él no entraba en ese tipo de codicias a pesar de ser un pobre soldado.

---

44. Ibídem,

Regresaron los cinco franceses. Finalmente decidieron entregar sus armas, en total unos 60 arcabuces y 20 pistolas, mientras que los prisioneros eran 208 en total. Entre otras cosas entregaron libros luteranos, y el Adelantado, como católico practicante y ferviente, ordenó que fueran quemados inmediatamente. Acto seguido Menéndez les preguntó si entre ellos había algún católico de verdad, a lo que ocho de ellos contestaron afirmativamente. A estos ocho les permitió conservar sus armas y los llevó consigo a San Agustín. Al resto los hizo ejecutar en el sitio, tal vez recordando las tropelías que los franceses habían cometido contra ciudades, barcos y gente española, que conoció desde sus primeras aventuras en el Cantábrico, cumpliendo la orden recibida de Felipe II de exterminar toda presencia hereje en Florida. Por otra parte, la realidad es que no tenía forma de alimentarlos y de todas formas iban a perecer de hambre, ya que las reservas de alimentos estaban a punto de agotarse y no había forma de dar de comer a 200 personas más, razón por la que Menéndez fue a solicitar abastecimientos con urgencia a la capital de Cuba[45].

Volvieron a San Agustín y al día siguiente, 10 de octubre, llegaron otra vez los indios con nuevas noticias: había llegado otro grupo grande de franceses y estaban en el mismo lugar que los anteriores. Se regalaron muchas baratijas a los indios, que se estaban comportando como un excelente servicio de espionaje.

En cuanto a su hijo Juan, los indios seguían sin tener noticia.

Para el Adelantado el nuevo grupo debía estar formado por los restantes hombres del resto del ejército de Ribault, y sin tomar un minuto de reposo, de inmediato se dispuso a enfrentarlos. Esta vez acompañarían a Menéndez 150 hombres formados en tres compañías, que fueron elegidos entre los que estuvieran más descansados.

---

45. Ibídem,

Al llegar al lugar, como era de noche, ordenó acampar y esperar al día siguiente, pero en silencio absoluto y sin encender luz alguna que delatara su presencia. Al amanecer los exploradores de avanzada se percataron de que tenían que vencer muchos enemigos, unos 350 franceses bien armados, y resultó que entre ellos se encontraba el propio Jean Ribault, un corsario y ferviente calvinista que jamás había perdonado la vida a ningún católico. Aún distaban unos dos tiros de arcabuz, alrededor de 100 metros, y Menéndez preparó un nuevo ardid: ordenó que sus hombres siguieran ocultos mientras que él, acompañado de los tres capitanes de las compañías, se harían visibles paseando por la orilla del río.

Así se hizo. Cuando los franceses divisaron al Adelantado y sus compañeros desde la orilla contraria, comenzaron a gritar amenazas mientras hacían toda clase de gestos y demostraciones de ir a entablar combate con los españoles y acabar con ellos. Pero Menéndez, como si nos escuchara, seguía disimulando y paseaba tranquilamente con sus capitanes, fingiendo que conversaba con ellos y serenos como si no tuvieran nada que ver con el escándalo que hacían los enemigos. Tras cerca de dos horas de aquel teatro del absurdo, los confundidos hugonotes levantaron un pañuelo blanco, así que el Adelantado cogió a su vez un pañuelo y lo mostró anudado a la punta de su espada, en señal de que aceptaba el parlamento.

CAPÍTULO VII

LOS HUGONOTES DEJAN DE SER UN PELIGRO

La rendición de Ribault

Un francés cruzó el río en una canoa que habían cogido a los indios. Dijo ser sargento mayor de Jean Ribault y les explicó que querían los buques que tuvieran los españoles para llegar a Fort Caroline porque sus embarcaciones se habían perdido en las tormentas y, de paso, Ribault quería saber quiénes eran ellos porqué se paseaban por la orilla del río, y quién estaba al frente. Al parecer, el francés estaba desconcertado por la extraña conducta de aquellos españoles que se comportaban sin dar la más mínima importancia al hecho de estar frente a una tropa numerosa y bien armada como la suya, y pensó que era mejor tomar precauciones, porque la forma de actuar de sus contrincantes indicaba que podían ser mucho más poderosos que ellos.

Entonces Menéndez, para no desengañarlo, le contestó que estaba al frente de un numeroso ejército y que eran españoles, católicos y súbditos del rey Felipe II. Les dijo que Fort Caroline estaba en sus manos y que había respetado la vida de mujeres y menores de 15 años. Añadió que Ribault y su tropa ni siquiera podían soñar con enfrentarlos, y como prueba de sus palabras llevó al francés a caminar un poco para mostrarle el sitio donde estaban los cuerpos de sus 200 compatriotas ejecutados pocos días antes, y finalizó exigiendo la rendición de los franceses, y encargó al sargento mayor que regresara y trasmitiera estas palabras a su jefe. El francés, en cambio, le pidió que regresara con él al otro lado de la orilla para hablar con su jefe porque este se encontraba tan cansado que no podía viajar. El Adelantado respondió que era su jefe quien debía venir a la posición de los españoles y le dijo que podía volver acompañado por 5 ó 6 de los suyos[46].

Viendo el francés que Menéndez no era ningún tonto, volvió a su orilla, y el Padre Francisco López de Mendoza narró lo sucedido en el parlamento con estas palabras:

> A éste envió el señor General la vuelta de sus compañeros, que les dixese de su parte que se rindiesen y le truxesen las armas, donde no, que los metería á todos por el cuchillo. En respuesta desto, vino un gentilhombre francés, sargento, y truxo un mensaje del real de los enemigos en que pedían que se les otorgase la vida, y que rendirían las armas y entregarían las personas; y después de mucho parlamento entre él y nuestro buen General, respondió y dixo que no les quería dar tal palabra, sino que truxesen las armas y sus personas para que él hiciese á su voluntad; porque si él les diese la vida, quería que se lo agradeciesen; y si la muerte, que no se quejasen de abérsela quebrantado[47]

.Media hora después cruzaba el río Jean Ribault acompañado de ocho de sus principales. El francés no parecía convencido de que Fort Caroline estuviera en poder de los españoles, y pensó que trataban de engañarlo, pero Menéndez hizo traer dos prisioneros le que contaron la verdad. Entonces Ribault cambió de táctica: expresó que quería los barcos que tenían los españoles para regresar a Francia. Por supuesto, Menéndez se negó a darle sus barcos.

Después, para tratar de convencer al Adelantado, Ribault le ofreció 100.000 ducados. Menéndez contestó:

---

46. Ibídem.
47. Archivo General de Indias (AGI). Patronato 19, R. 17. Relación del P. Francisco López de Mendoza. En: CDHFCH, Fondo Floridas, Digital, 1565.

Mucho me pesa si perdiese tan buena talla é presa, que harta necesidad tengo dese socorro, para ayudar de la conquista é población desta tierra: en nombre de mi Rey, es á mi cargo plantar en ella el Santo Evangelio[48].

Esta respuesta hizo creer a Ribault que había posibilidad de ganarse a Menéndez, así que dobló la cantidad y le ofreció 200.000 ducados. El Adelantado respondió que aunque él era pobre soldado "no quería hacer aquella flaqueza porque no le notaran de codicioso; pues cuando hubiese de ser liberal y misericordioso, había de ser sin interés[49].

Como se hacía de noche, el Adelantado dijo que se fueran a su orilla y les citó para el siguiente día.

A la mañana siguiente cruzaron el río, pero esta vez traían consigo un estandarte real francés y dos banderas. Ribault entregó al Adelantado un sello Real y algunas piezas doradas de fina fábrica, como una espada y una pistola, y quiso, actuando en nombre del rey de Francia, que Menéndez firmara unos documentos. Añadió que durante la noche se habían ido más de la mitad de su gente porque no estaban de acuerdo con él. Pero Menéndez no accedió a ninguna de sus peticiones, porque aceptarlas equivalía a reconocer ciertos derechos que no tenían ni el rey francés ni los colonos hugonotes, y con su posición inquebrantable los obligó finalmente a la rendición incondicional.

Terminadas las conversaciones, cruzaron el río 150 franceses, y una vez ante ellos el Adelantado repitió la pregunta fundamental: si entre ellos había algún católico de verdad. Y Ribault, en nombre de todos, replicó que todos eran hugonotes y profesaban la misma religión. Entonces los franceses luteranos descubrieron sus cabezas para

---

48. Cf. Ruidíaz y Caravia, Eugenio. La Florida. Su conquista y colonización por Pedro Menéndez de Avilés. Obra premiada por la *Real Academia de la Historia*. Tomo I. Imp., Fund. y fábs. de Tinta de los Hijos de J. A. García, Calle de Campomanes, núm. 6,MDCCCXCIII. Memorial de Gonzalo Solís de Merás
49. Ibídem.

recitar el salmo *Domine Memento Mei*[50]. A continuación empezaron a caminar en dirección a San Agustín en grupos de diez.

Quizá en esos momentos Menéndez recordase que el corsario Ribault nunca había perdonado la vida a nadie, y puede ser que tuviera presentes los diabólicos planes que Ribault tenía contra él, planes que conocía a través de un prisionero francés que se los había confesado, a saber: hacer la guerra contra los españoles en Florida apoyado en su superioridad en barcos y hombres, cortar la cabeza a Menéndez, colgar a los españoles en los palos de los barcos, fortificarse en el extremo de Florida frente a Cuba, cerca de La Habana, asaltar el comercio desde ahí hasta Bahamas y, finalmente, tomar La Habana con los refuerzos que llegarían de Francia.

Tal vez consideró que Ribault pudiera ser responsable, de alguna forma, de la desaparición de su hijo Juan, del que todavía estaba sin tener noticias.

Aparte de cualquier consideración de orden personal, por encima de todo estaban las instrucciones de Felipe II. Como buen soldado que respetaba sin condiciones la voluntad real, el Adelantado debía erradicar aquella colonia extranjera que había tenido la osadía de establecerse en tierras que pertenecían a España según los pactos sancionados por el Sumo Pontífice, y con mayor motivo considerando que los extranjeros profesaban una religión hereje y que se habían dedicado a la piratería atacando los barcos españoles en el Canal de Bahamas. Tal como había ocurrido anteriormente, los franceses fueron todos muertos excepto 16 personas que confesaron ser católicos.

El lugar de la ejecución es conocido con el nombre de Matanzas.[51]

Veinte días después volvieron a aparecer los indios. Ninguna noticia dieron al Adelantado sobre su hijo, pero sí que dieron cuenta a los españoles de que en Cabo Cañaveral se encontraba otro grupo de

---

50. Jesús, acuérdate de mí cuando estés en tu reino (Lc 23:43).
51. Ibídem (29)

franceses que estaban construyendo un fuerte y poseían un barco. Menéndez consideró que esto suponía una nueva amenaza, pues un barco en manos francesas suponía la posibilidad de pedir ayuda y refuerzos a Francia.

Entonces, aquel hombre de hierro, a quien nadie podía detener cuando se trataba de cumplir una misión, hizo traer 150 hombres del fuerte de San Mateo a los que incorporó otros 150 de San Agustín, más 35 hombres escogidos designados por él. Todos juntos, tras la habitual misa, partieron en tres embarcaciones para recorrer la costa. Las corrientes cercanas al litoral eran contrarias, por lo que las embarcaciones casi no avanzaban, así que hizo aligerar las naves para que la mayoría de la gente pudiera avanzar a pie siguiendo la línea de la costa. Según su costumbre, se puso a la cabeza de aquella infantería.

Cuando los franceses los vieron llegar huyeron a la selva. Menéndez envió tras ellos un emisario para explicarles que no les haría ningún mal y los trataría como españoles, además de ofrecerles protección contra los indios. La mayoría, unos 150, aceptó el trato, pero otros 20 se negaron, internándose por la selva y muriendo uno tras otro a manos de los indios. Como ya no existían los jefes de los hugonotes, Menéndez respetó su palabra: pese a la perentoria escasez de alimentos los prisioneros franceses tuvieron las mismas raciones que los españoles.

Quemaron el fuerte y el barco francés, que ya estaban a medio construir, excavaron hoyos y enterraron las piezas de artillería que no podían llevar consigo, y se pusieron nuevamente en camino hacia el sur, esta vez con intenciones de explorar el territorio, ya que el Adelantado quería obtener información de los indios de los alrededores, para fundar un asentamiento con buenas condiciones y más cerca de la isla de Cuba.

Las embarcaciones siguieron costeando la costa de La Florida y como a 15 leguas encontraron un lugar llamado Ays, donde reinaba el mismo cacique que era jefe de los amigos indios de San Agustín. Los indios salieron muy contentos a recibir a Menéndez, que se llevó una inesperada alegría con esta demostración de amistad.

La exploración costera se prolongó hasta noviembre de 1565, momento en que la falta de provisiones ya era acuciante, así que Menéndez decidió ir a Cuba con dos embarcaciones para solicitar ayuda. La ruta que eligió no es fácil porque la corriente del canal de Bahamas corre hacia el norte mientras que Menéndez debía ir hacia el sur y la mala fortuna quiso que cayeran en medio de una tormenta, por lo que Menéndez se hizo cargo personalmente del timón durante buena parte de la travesía.

Solicita ayuda al Capitán General de Cuba

Llegó a la ensenada de Bahía Honda, donde fue recibido afectuosamente por unos indios que le proporcionaron comida y frutas, dirigiéndose después a La Habana donde se encontró con su sobrino Pedro Menéndez Márquez, que se separó de la escuadra de Esteban de las Alas y llegó a la isla con unos barcos de la flota del Cantábrico. La alegría fue enorme porque todos daban al Adelantado por perdido. En enero de 1566, para mayor alegría, llegaron otros dos barcos al mando del también asturiano Esteban de las Alas, quien conducía 200 hombres. La alegría no podía ocultar que esos barcos, debido a las tormentas, estaban maltrechos.

Tanto a sus soldados como a los franceses que llevaba consigo y habían confesado ser católicos, Menéndez les dijo:

> Esforzáos, hermanos míos, que García Osorio, Gobernador de la isla de Cuba, nos inviará bastante recaudo de comida para todos cuantos andamos en la Florida, porque ansí me lo prometió en Sevilla, y S.M. se lo ha mandado y encargado[52]

---

52. Ibídem,

Sin embargo, le fue negada por el gobernador, que se negó a abastecerlo. Es más: en todo lo que pudo trató de dañar y obstaculizar los proyectos de Menéndez… al hombre a quien se debía la conquista de Florida, la expulsión de los franceses, la amistad con los nativos indios y la fundación de nuevas colonias, se le negaba ayuda para que sus éxitos tuviesen continuidad. Entonces

vemos al Adelantado, que tanta gloria y tantos pueblos había ganado para su patria, pordioseando como mendigo, de puerta en puerta, auxilios y socorros que sus compañeros habían menester; vémosle asimismo apelando á sus relaciones particulares y á sus parientes, para alcanzar --por su propia cuenta y con sólo su crédito-- lo que las autoridades le negaban[53]

Ante la situación creada Menéndez decidió que lo mejor era enviar barcos a diversos lugares del Golfo de México para intentar conseguir víveres con el fin de mantener a la gente que estaba en Florida. En esos momentos ya corría el mes de diciembre de 1565.

Cuando partieron y a poca distancia de La Habana, se encontraron con un buque que, al verlos, huyó para esconderse en una ensenada. Menéndez se acercó para investigar quiénes eran y cuál fue su sorpresa que resultó ser un barco de aviso que le traía noticias de Felipe II. El rey informaba que los franceses estaban preparando una gran armada para conquistar La Florida y otras islas del Caribe y, con el fin de contrarrestar esa amenaza, le iba a hacer llegar a lo largo del mes de marzo una flota de socorro compuesta por 17 buques y 1.500 hombres al mando del general Sancho de Arciniega.

Las nuevas noticias cambiaron las expectativas. En La Habana, vendiendo municiones, cañones y joyas propias, compró dos embarcaciones pequeñas que, unidas a sus exiguas fuerzas, componían una pequeña escuadra de siete embarcaciones con las que realizó

---

53. Ibídem,

exploraciones de islas y costas de La Florida. Tenía especial interés en encontrar un buen puerto en el extremo sur de Florida que debía fortificarse para asegurar el paso de las Flotas de Indias por el estrecho. Mientras reconocía el litoral, durante el mes de febrero de 1566 rescató algunos españoles cautivos de los indios tras un naufragio, lo que le trajo nuevas esperanzas de obtener noticias sobre su hijo, ilusión que siempre lo acompañaba. En cierta ocasión, gracias a su amistad con los indios, liberó a ocho hombres y dos mujeres de forma pacífica e incluso Carlos[54], el cacique indio de la tribu calusa, le regaló una hermana a Pedro Menéndez para que la tomase como esposa, en prueba de amistad. A esta india la llamaron doña Antonia. El Adelantado la envió a La Habana para que fuese instruida en la religión católica y el cacique Carlos se comprometió a que cuando volviese su hermana, si Menéndez lo convencía, él y todos los suyos también se convertirían a la religión católica.

Mientras tanto, una carabela que Menéndez había enviado al Golfo de México en busca de provisiones volvió a La Habana cargada de maíz, gallinas, miel y alpargatas. Esta ayuda se la había negado el gobernador pero el Adelantado la había conseguido en Nueva España gracias al decidido apoyo del obispo de Yucatán.

A su vuelta a San Agustín encontró un ambiente tenso entre soldados y colonos, algunos de los cuales se habían amotinado y apropiado de algunos barcos con el objetivo de dirigirse a Cuba para pasar posteriormente a Perú o México. La situación pudo controlarse antes de la llegada de Menéndez gracias al heroísmo y las acciones decididas del lugarteniente de Menéndez, el Maestre de Campo Pedro de Valdés, a quien nombró gobernador provisional en su ausencia. Pero

---

54. Algunos historiadores dicen que el nombre de Carlos, que denominaba generación tras generación a los caciques calusas, era un nombre que adoptaron al enterarse, tiempo antes, de que el rey de España se llamaba Carlos I. En cambio, otros piensan que el nombre "Carlos" es sólo una alteración fonética del apelativo de los indios calus, o calusas. N. .del A.

el Adelantado enfrentó más problemas: un sargento había sido ajusticiado, la población pasaba hambre y tanto su hermano Bartolomé como el Maestre de Campo Valdés estaban muy debilitados por llevar varios días sin comer, problema que pudo aliviarse por la llegada de los barcos de Menéndez . Más adelante hubo un segundo intento de motín protagonizado por unos 60 hombres. El Adelantado, esta vez, permitió que los descontentos se fuesen hacia Puerto Rico.

Pudo dar solución a las dificultades y se dedicó después a explorar las costas de Georgia y la zona meridional de Carolina del Sur, para consolidar los dominios de España. Fundó nuevos asentamientos e iglesias en Guale y Santa Elena, hoy perteneciente a Carolina del Sur. En su Memorial, el cronista Solís de Merás cita como nuevos pueblos o colonias, entre otros, a San Felipe, Tequesta y Tocobaga. El historiador Eugenio Ruidíaz y Caravia cita la construcción de los fuertes de Joada, Guiomae, Lameco, Cauchi y Guatari.

Se hizo amigo de caciques locales, ninguno de los cuales pudo darle noticias sobre su hijo, y se debe señalar que con los indios siempre trató de llevarse bien, con miras a incorporarlos pacífica y amistosamente al proyecto colonizador. No apelaba a las armas a no ser que fuesen casos extremos. Los indios de la Florida eran muy guerreros y se hallaban en lucha constante entre sí, enfrentados por sus diferentes caciques y Menéndez, en lugar de solicitar o aceptar el apoyo de uno de ellos para vencer a otro que fuera enemigo de los españoles, encaminaba sus esfuerzos a que depusieran sus odios, olvidasen antiguas diferencias y pactasen franca amistad. Lograba al fin conseguir su objetivo y varias tribus distanciadas por rencores hereditarios comenzaron a tomarlo como juez y árbitro de sus mutuas ofensas.

CAPÍTULO VIII

UN GRAN PASO EN LA PACIFCACIÓN DE LOS INDIOS. DE NUEVO LOS FRANCESES. VIAJE A ESPAÑA

El cacique Saturiba en guerra con los españoles

Tan solo a un cacique indio no consiguió atraerlo a su amistad: se trataba de Saturiba, cacique amigo de los franceses, que se dedicaba a atacar constantemente a los españoles tanto por la zona de San Agustín como por la de San Mateo, dificultándoles la vida todo lo que podía. Como el principal problema de los españoles era la falta de víveres, los colonos tenían que adentrarse en la selva para conseguirlos sobre el terreno, momento que los indios solían aprovechar para sus ataques, así que la situación era peligrosa, además de que creaba un clima de pesimismo entre los españoles. En un ataque de los indios incluso se llegó a incendiar el almacén de pólvora[55].

Reunido el Consejo de Oficiales se decidió que la posición de San Agustín era muy vulnerable, por lo tanto había que construir un nuevo fuerte en mejor emplazamiento tal que controlase la entrada al cauce del río.

Menéndez y sus oficiales trazaron el contorno y se organizó a la gente para trabajar en turnos. En 10 días el nuevo fuerte estaba listo, con el almacén de pólvora en lugar más resguardado al abrigo de flechas incendiarias y la artillería puesta en posición.

---

55. Manucy, Albert C. (1992). Menéndez, Pedro Menéndez de Aviles, Captain General of the Open Sea. Sarasota, Florida: Pineapple Press, Inc.

Tras ello, el Adelantado volvió a Cuba en busca otra vez de víveres, pero de nuevo el gobernador García Osorio se mostró reacio a darle ayuda. Incluso se negó a darle 500 hombres que había recibido de refuerzo en la isla. Menéndez se entrevistó con el tesorero, que fue más receptivo y le dijo que, aunque la situación no daba para más, intentaría reunir los víveres que buenamente pudiera entre la población de La Habana. Fue el tesorero quien le comunicó que la hermana del indio Carlos, doña Antonia, la que le había dado por esposa y que estaba en la isla para ser instruida en la religión católica, decía quererle mucho y deseaba regresar a La Florida para convencer a los indios de su tribu de pasarse a la verdadera fe. Finalmente, Menéndez decidió vender varios objetos personales para comprar provisiones y llevarlas a San Agustín[56].

Llega la flota de Sancho de Arciniega con refuerzos

Finalmente, partió de Cuba de regreso a La Florida y al acercarse a San Agustín divisaron un galeón fondeado en la desembocadura del río. La sorpresa fue mayúscula al ver que era un galeón español. El rey Felipe II había cumplido su palabra: allí estaba la flota de Sancho de Arciniega que había llegado cargada de provisiones y víveres, tenía 14 buques anclados río arriba, había llevado 2 buques a la villa de Santa Elena y efectuado el desembarco de 1.500 hombres. También traía de España unos despachos del rey en los que encargaba a Menéndez que fortificase las principales islas del Caribe para repeler el presunto ataque de la escuadra francesa. Arciniega también le presentó a 14 mujeres que había traído en su flota, a las que Menéndez puso a cargo de los clérigos para evitar desmanes entre sus hombres.

Como ahora había mucha gente, no cabían todos en el fuerte. Se trazaron ensanches para dar cabida a la mayoría aunque no a todos, ya que 300 fueron destinados a San Mateo y, posteriormente, otros

---

56. Ibídem.

500 serían destinados a Puerto Rico, Santo Domingo y Cuba. También contó el problema de los suministros y los víveres, siempre escasos, para tomar esa decisión-

Reconocimiento del territorio y encuentros con los indios

En esta oportunidad también se le puso al corriente de las malas noticias: varios de sus soldados y capitanes habían muerto por flechas de los indios. Menéndez decidió parlamentar con Saturiba y tratar de hacer las paces con él, pero Saturiba no quería pactar y llegó a tenderle una trampa de la que el Adelantado escapó. Así que hizo saber al indio que a partir de ese momento pasaba a ser su enemigo y que por los cristianos que había matado a traición él le cortaría la cabeza o le echaría de sus tierras. Unos días más tarde, Pedro Menéndez organizó una expedición de castigo, pero con resultados negativos porque Saturiba había desaparecido sin dejar rastro.

Posteriormente, partiendo desde San Mateo y la desembocadura de su río, ascendió corriente arriba para comprobar si el río era navegable y por dónde discurrían sus aguas, pues sería una buena manera de comunicar San Mateo con San Agustín mediante pequeñas embarcaciones de forma segura y sin necesidad de salir al mar. Encontraron una tribu india cuyo cacique se llamaba Hotina, que huyó con mucho miedo porque creía que el Adelantado tenía poderes sobrenaturales. Menéndez no pudo ganar la amistad del cacique y continuó explorando el curso del río hasta que la navegación se hizo más peligrosa al llegar a las aguas revueltas de unos rápidos. Ante esto, ordenó la vuelta de las embarcaciones más grandes a San Mateo mientras él continuaba la exploración con las dos más pequeñas.

Llegaron a las tierras de otro cacique, llamado Macoya, amigo de Saturiba. No obstante, Menéndez consiguió la amistad de Macoya, el cual le dijo que no muy lejos de allí el río se estrechaba mucho y sus embarcaciones no podrían pasar. En realidad, Saturiba había fabricado una especie de barrera de troncos para impedir el paso de Menéndez, pero este continuó la exploración del río, llegó a la barrera, la rompió y siguió río arriba.

Por indicaciones de los indios supo que la corriente llegaba a una gran laguna de donde le salían dos brazos, uno que iba a desembocar en las tierras del cacique Carlos, aquel que había dado su hermana Antonia como esposa a Menéndez, mientras que el otro desaguaba en un lugar del mar en que se divisaba una cayería a la que posteriormente los españoles denominaron Cayos de los Mártires. También conoció otro cacique indio, de nombre Calabay, con quien pudo hacer amistad, pero ninguno de los caciques le pudo dar noticias sobre su hijo Juan.

Había que tener mucho valor para participar en las entrevistas ceremoniales con los indios, porque Menéndez se presentaba siempre con seis hombres mientras que los indios, desconfiados y curiosos, los rodeaban por centenares.

Finalmente alcanzaron la población de Gualé, en la que le dieron noticias de que su sobrino y jefe de la guarnición del sitio, Alonso Menéndez Marqués, había fallecido. También le pidieron que esperase allí unos días porque había unos caciques que querían adoptar la religión cristiana. Decidió dejar un capitán con 30 soldados para que la población indígena siguiera recibiendo la doctrina.

Volvió a San Mateo, y de allí a San Agustín, donde organizó una flota de dos navíos, cuatro carabelas y dos buques menores, con la idea de ir a limpiar de piratas y corsarios las aguas de la costa de la Florida y de las islas cercanas, y dirigiéndose hacia el sitio de Manzanillo tropezaron con cinco buques franceses que hacían contrabando, a los que capturaron y llevaron a La Habana[57].

Le llegaron noticias de que una flota hugonote compuesta de 27 barcos y con 6.000 hombres a bordo había zarpado de Francia, y

---

57. Ibídem. Todo este asunto.

había tomado la Isla Tercera, pero se desconocía el lugar del Caribe hacia el que se dirigían. Ante esto, Menéndez comenzó una frenética carrera para visitar Puerto Rico, Santiago de Cuba, La Habana y otros puertos, con el fin de dar aviso, reforzar las guarniciones y colaborar en la fortificación de esos lugares. Incluso dejó emplazadas varias piezas de artillería.

Por si no tenía bastante actividad, el Adelantado tuvo que sofocar un levantamiento del indio Carlos, que había tenido fricciones con los españoles, un motín contra su hermano Bartolomé al que él había nombrado gobernador de San Agustín, motín que resolvió personalmente de forma expeditiva poniéndole una espada en el cuello al cabecilla, y, para colmo, tuvo que ir a Cuba para arreglar una desastrosa situación en la que se había metido el gobernador de la isla enfrentándose a capitanes de la guarnición. Menéndez resolvió el problema acusando al gobernador de no cumplir la ley, enviando a algunos rebeldes presos a España y, finalmente, quedándose durante un mes en Cuba intentando que las cosas funcionaran mejor. Aprovechó el envío de aquellos presos a España para hacer llegar correspondencia al rey poniéndole al corriente de los hechos[58].

Al regresar nuevamente en San Agustín, decidió hacer una batida contra el cacique Saturiba, que seguía haciendo de las suyas. En ella perdió 2 hombres, pero los indios contaron 30 bajas.

Regreso a España

Los éxitos no le ocultaban una palpable realidad: las colonias seguían teniendo una situación crítica a pesar de todos sus esfuerzos. La constante falta de víveres y ropa para colonos y soldados, así como la falta de dinero para pagar los sueldos de estos, suponían un creciente malestar. El problema no se limitaba a la Florida, sino que se extendía

---

58. Cf. Larrúa Guedes, Salvador. *Historia de la Florida Colonial Hispana.* Santillana-USA, Miami 2010, t. I

por las islas de Cuba, Puerto Rico y La Española. Por ello, decidió volver a España para solicitar ayuda personalmente. El viaje lo realizaría un solo barco y le acompañarían hombres de su entera confianza. Al llegar a las Islas Terceras, o sea, las actuales Azores, le informaron de que el rey se encontraba en La Coruña para embarcar rumbo a Flandes. Al acercarse a La Coruña se encontró con dos corsarios franceses y con uno inglés, pero supo engañarlos a todos y finalmente llegó al puerto de Vivero, provincia de Lugo, donde solicitó información para conocer el paradero del rey, pero le comunicaron que se hallaba en la Corte.

Aprovechando que no estaba muy lejos de Avilés, decidió acercarse al pueblo para ver a su familia, y el viaje por mar sólo demoró un día. De noche llegó al puerto de Avilés, donde había diez bajeles, cuyos capitanes creyeron que el recién llegado era un pirata berberisco, y tuvieron una desgraciada reacción que no gustó al Adelantado, porque abandonaron sus bajeles y uno de ellos se estrelló contra los bajos de la costa. Finalmente Menéndez se identificó, habló con ellos y les ordenó que se presentaran ante él. Pero al ver que se demoraban hizo disparar tres cañonazos y desplegó su insignia, y entonces, en botes, llegaron los temerosos capitanes. Menéndez les ordenó que recuperasen sus barcos y cuando lo hubieran hecho que volviesen a presentarse ante él.

Así lo hicieron. No hubo lugar a Consejo de Guerra porque eran barcos mercantes, pero sus capitanes se llevaron una buena reprimenda del Adelantado, que les echó en cara su cobardía, el abandono de su puesto y la pérdidas que su actitud podía representar para España.

Estuvo poco tiempo en Avilés acompañado de sus familiares pues le preocupaba viajar cuanto antes a la Corte. Cuando pudo realizar el viaje se presentó ante los miembros de Consejo de Indias, le relacionó a Felipe II los hechos acaecidos, la lucha contra Ribault, la exploración de las costas, los lugares que había descubierto que servían como puertos, los mapas que habían confeccionado, los sucesos en Cuba, la paz que tenía con los caciques indios excepto con Saturiba, la fundación de los fuertes de San Agustín y San Mateo además de otras nuevas poblaciones, etc. También le presentó al rey los indios que había traído con él, con sus exóticas vestiduras, arcos y flechas...

No dejó de señalar que el gobernador de Cuba no prestaba socorro, que había bastantes problemas en mantener las colonias de la Florida y que creía que dicho gobernador estaba perjudicando a Su Majestad haciendo ver que los problemas eran de la Florida y no de España. Manifestó su indignación al respecto, y señaló al monarca la conveniencia, dada la proximidad de ambas colonias, de reunir en uno solo los gobiernos de Cuba y la Florida, con el fin de evitar en lo sucesivo conflictos de esta naturaleza.

Conforme iba contando se dio cuenta de que cundía el escepticismo entre los miembros del Consejo, que no le terminaban de creer. Dudaban de sus intenciones y al Adelantado le pareció que esos consejeros pensaban que estaría exagerando con algún propósito oculto. Entonces les habló con absoluta claridad:

Yo antes de ser Capitán General, contaba con dos galeones y treinta mil ducados, había realizado muchos viajes a las Indias y ganado mucho dinero, por lo que era una persona feliz y sin necesidades. Pero me llamó S. M. y me entregó el mando de las escuadras del Cantábrico, después me dio el mando de la expedición a La Florida, el cual acepté sin preguntar, en la preparación de la primera ida, me gasté un millón de ducados los cuales aun debo.

Mis buques, zabras y pataches, en este tiempo me dieron otros doscientos mil ducados, y estos también han ido a parar para sueldos de tropas y capitanes, más los bajeles que se han construido, todo por que S. M. y sus ministros en ningún momento me han auxiliado; nunca cobré un maravedí si no estaba al servicio del Rey; mi sueldo como Adelantado, es el más bajo de todos los del mismo cargo; nunca he gastado en nada que no fuera preciso y hoy me encuentro, no solo pobre sin un maravedí, sino que tengo mis deudas sin pagar, que superan los novecientos mil ducados. ¡Esa es toda mi doble intención![59]

Finalmente, Felipe II quedó muy satisfecho de todo, pero indicó que Menéndez se mantuviera en la Corte durante unos días para hacer una relación de todos los sucesos por escrito con la ayuda de los escribanos. La relación escrita debía entregarse al Consejo de Indias. Finalmente, el rey cerró la audiencia sin permitir más discusión, concediendo un mes de licencia a Menéndez para que descansara y estuviera con su familia, diciendo también que el Adelantado era hombre de fiar y persona grata para el servicio a España, y añadiendo finalmente que el Consejo de Indias debía ver la forma de que Menéndez pudiera recibir dinero para pagar las deudas contraídas, ya que todas ellas habían sido motivadas por el buen servicio y para la grandeza del Reino.

Mientras esto ocurría en España, los franceses decidieron finalmente enviar una flota para recuperar sus anteriores posesiones en La Florida. Estos franceses en realidad no recuperaron nada, pero se dedicaron al saqueo, destrozaron todo lo que pudieron las posesiones españolas y ahorcaron a la mayoría de los soldados, de los cuales sólo algunos pocos lograron salvarse, entre ellos el capitán Gonzalo de Villarroel. Por otra parte, consiguieron otra cosa: que el cacique Saturiba convenciera a otras tribus para sumarse en la lucha contra los españoles. Hecho esto, esos franceses regresaron a Francia[60].

---

59. Cf. Ruidíaz y Caravia, Eugenio. *La Florida. Su conquista y colonización por Pedro Menéndez de Avilés*. Obra premiada por la Real Academia de la Historia. Tomo I. Imp., Fund. Y fábs. de Tinta de los Hijos de J. A. García, Calle de Campomanes, núm. 6,MDCCCXCIII. Memorial de Gonzalo Solís de Merás

60. Ibídem.

CAPÍTULO IX

CAPITÁN GENERAL DE CUBA Y LA FLORIDA. INDIOS Y HUGONOTES

Gobernador y Capitán General de la Isla de Cuba

Felipe II nombró nuevo gobernador de Cuba y todos sus territorios anejos a Pedro Menéndez, al tiempo que le ordenaba tomar preso al anterior gobernador García Osorio y lo devolviese a España para ser enjuiciado. Le entregó 200.000 ducados y le ordenó desplazarse a Sanlúcar de Barrameda para hacerse cargo de una nueva escuadra con la que partir al Caribe. Además de los refuerzos, harían el viaje nuevos misioneros de diferentes órdenes religiosas, aunque finalmente fueron los franciscanos los que se encargaron de la evangelización de la Florida, llegando a fundar 120 misiones y doctrinas. Andando el tiempo, sólo en San Agustín llegó a existir un convento donde residieron hasta 50 franciscanos que se dedicaban a la enseñanza y la evangelización de los indios. Entre los que viajaron en esa oportunidad estaba San Francisco de Borja, III General de la Compañía de Jesús, que se había comprometido en la evangelización de la Florida. Era el mes de julio del año 1568.

El hugonote Dominique de Gourgues ataca San Agustín en 1568, sin éxito. Asalto y destrucción del fuerte de San Mateo. Otra vez los hugonotes

De la misma forma que la presencia de hugonotes en la Florida hizo que el rey Felipe II de España se sintiera menoscabado en sus derechos por la invasión francesa de tierras que consideraba suyas según la división del Mundo establecida, y más en un sitio donde los extranjeros podían ser una amenaza potencial para la ruta de las Flotas y en general para el Mar de las Antillas, donde imperaba la armada de España, en Francia hubo una reacción airada cuando se conoció la derrota y exterminio de la colonia de la Nueva Francia, nombre que habían dado los hugonotes a la región donde erigieron su asentamiento. El honor del reino de Francia había quedado en entredicho, y era preciso lavar la afrenta… sin embargo, la Corona no emprendió ninguna acción para conseguir la revancha.

Sin embargo, un soldado de noble cuna, Dominique de Gourgues, natural de la Gascuña, estaba dispuesto a reivindicar a su patria. Se dice que no era hugonote, y el jesuita francés Charlevoix afirma que era un buen católico. En última instancia, lo más importante no era su creencia religiosa, sino el odio mortal que sentía por los españoles. Durante las guerras de Italia fue apresado por éstos y enviado como esclavo a servir de galeote. Los turcos capturaron la galera donde remaba y fue llevado a Estambul, pero la nave fue abordada por los caballeros de la Orden de Malta. Dominique fue libertado por los malteses, y al regresar a Francia se enteró del desastroso fin de los hugonotes en la Florida.

Su inquina contra los españoles se acrecentó tanto, que Dominique vendió su herencia para equipar tres pequeñas embarcaciones tripuladas por 100 marineros y una fuerza de 80 arcabuceros, y sin que ninguna persona conociera sus propósitos ni el objetivo de su empresa, el 22 de agosto de 1567 zarpó de la Charente. Al pasar por Finisterre, una tormenta puso en peligro la pequeña flota, pero continuaron el viaje a pesar de las protestas de algunos tripulantes. Llegaron a Cabo Verde, cruzaron el Atlántico, avistaron La Española, y continuaron rumbo al Cabo de San Antonio, en el extremo occidental de Cuba.

En este momento Dominique reunió a las tripulaciones y con gran elocuencia les habló de la destrucción de los establecimientos hugonotes en la Florida y de la masacre perpetrada por Pedro Menéndez de Avilés. Los soldados lo escucharon atentamente y enardecidos por el relato, decidieron apoyarlo.

Las precauciones del Adelantado

Mientras tanto, siempre anticipado a los hechos, Menéndez de Avilés se había ocupado de erigir fuertes y puestos de avanzada. San Agustín tenía buenas defensas y el antiguo Fort Caroline de los hugonotes había sido convertido en el Fuerte San Mateo. Además, se habían levantado dos pequeños fuertes o reductos en la desembocadura del río que los franceses habían llamado Mayo, uno cerca del sitio donde está hoy el Faro de Mayport, y el otro al lado del río, en Fort George Island. Una tarde, los centinelas españoles avistaron desde allí las velas de los barcos del noble francés: las baterías españolas dispararon en señal de aviso, Dominique de Gourgues ordenó responder desde los buques, y luego, mientras avanzaba la noche, desapareció en el mar.

Al día siguiente, Gourgues desembarcó e hizo contacto con indios que pertenecían a la tribu del Cacique Saturiba, que aparecieron armados y listos con sus atributos guerreros, pensando que se trataba de españoles. Pero entre los franceses había un trompeta que había estado en la Florida y que los indios conocían bien, y al presentarse, los indios se dieron cuenta con gran alegría de que se trataba de franceses, con quienes habían hecho pactos de amistad y alianza, ya que los hugonotes los habían apoyado en sus enfrentamientos con tribus vecinas.

Al otro día, Saturiba celebró el consejo de la tribu, al que asistió Domique de Gourgues con los franceses. Saturiba tomó la palabra para denunciar la crueldad de los españoles, y dijo que desde su arribo, los indios no habían tenido un día feliz, porque los españoles los expulsaron de sus aldeas, robaron su maíz, se llevaron sus esposas e hijas, mataron a sus hijos…[61]

Una vez que ambas partes comprobaron que sentían el mismo rencor hacia los españoles, Dominique de Gourgues distribuyó regalos a los indios: cuchillos, hachas, espejos, campanas, bolas, y algunas prendas de vestir que éstos solicitaron. Luego se pusieron de acuerdo para partir y atacar a los españoles, marchando por el bosque, y así salieron los guerreros aborígenes junto con los arcabuceros y marinos franceses.

Cuando se entabló el combate, los indios y los franceses asaltaron por sorpresa uno de los fuertes, tomando prisioneros a los españoles, mientras desde el otro fuerte, al otro lado del río, la guarnición que dejó Menéndez de Avilés los cañoneaba sin cesar, hasta que los franceses atacaron apoyados por una multitud de aliados indios. Los españoles, ante el gran número de enemigos, huyeron hacia el bosque dirigiéndose al Fuerte San Mateo.

Los franceses, a continuación, atacaron San Mateo, y los españoles huyeron de nuevo ante la multitud de los enemigos. En el bosque los aguardaban varias emboscadas de los indios, que tomaron muchos prisioneros.

Dominique de Gourgues mandó ahorcar a todos y colgarles una inscripción, escrita sobre una tabla de pino, que decía:

No los ahorcamos por ser españoles, sino por traidores, ladrones y asesinos[62]

Después destruyeron la fortaleza, así como los reductos de la desembocadura del río, y de esta forma Dominique de Gourgues

---

61. Mabry, Donald J. Hugonotes en la Florida, Dominique de Gourgues. © 1990-2008/ The Historical Text Archive

62. Ibídem,

consideró que había cumplido con su deber hacia los hugonotes caídos en combate contra los españoles. Al cabo de unos días, Gourgues se despidió de sus aliados indios y regresó a Europa, llegando a La Rochela el día de Pentecostés. En Francia los hugonotes lo saludaron con honores, el rey se mantuvo a distancia con frialdad y reserva, y el Ministro de España exigió su cabeza. Isabel de Inglaterra lo invitó para que entrara a su servicio y finalmente, en 1583, murió de enfermedad cuando viajaba a Portugal para guerrear con Felipe II, que tenía pretensiones sobre la corona de ese reino.

Lucha contra los corsarios. Viaje a Cuba. Etapa en que Cuba se convierte en dependencia de la Florida: el nuevo dominio queda subordinado a Cuba en lo eclesiástico y lo civil. La Florida queda supeditada a Cuba

Una vez quedaron terminadas las fortificaciones costeras en la Florida y al llegar a San Cristóbal de La Habana, encontró Menéndez varias naves procedentes de Gijón y Cantabria especialmente y de otros puertos españoles, que estaban fondeadas en la bahía y que eran parte de dos expediciones formadas sobre todo por asturianos que eran deudos, amigos y paisanos de Menéndez de Avilés, estaban mandadas por sus sobrinos Don Esteban de Alas y Don Pedro Menéndez Márquez, y se habían organizado para llevarle refuerzos cuando el Adelantado zarpaba de Cádiz unos meses antes. Los dos comandantes, al llegar a San Cristóbal de La Habana y al no tener noticias del Adelantado, permanecieron en el puerto hasta recibir noticias de su paradero y sus instrucciones personales.

Después de llegar a La Habana el Adelantado, al tratar de reclutar gente y de obtener en la ciudad víveres, armas y municiones, tropezó con la resistencia del gobernador de Cuba Francisco García Osorio[63]. Sin embargo, Menéndez de Avilés pudo contar con las fuerzas que

---

63. Ibídem (18)

requería, porque Felipe II continuó enviando barcos y hombres desde la península para garantizar y consolidar el territorio conquistado en la Florida, y defender al mismo tiempo el Mar Caribe y el estrecho:

> Felipe II, mientras tanto, no había perdido de vista la importancia estratégica de la Florida ni la necesidad de atender a la defensa de los mares antillanos, en los cuales pululaban los corsarios y contrabandistas. Al regresar a San Agustín de uno de sus frecuentes viajes a La Habana, Menéndez se encontró con que había arribado un fuerte armamento de 17 buques y 1,500 hombres, enviado por el rey para reforzarle[64].

Con este refuerzo se pensaba eliminar completamente el azote de los corsarios en el Mar de las Antillas.

Además de estos refuerzos y a pesar de la resistencia de García Osorio, Menéndez logró adquirir en Campeche y Santo Domingo algunos víveres, municiones y otros efectos y los remitió a San Agustín y San Mateo, lugares a donde marchó él mismo poco después.

Aparte de mantener los puestos fortificados y armados en la Florida, Menéndez recibió órdenes precisas consignadas en pliegos firmados por Felipe II que le traía el comandante de la expedición mencionada, Don Sancho de Arciniega, de establecer guarniciones en La Habana, Santo Domingo y Puerto Rico y de velar por la seguridad de todo el Mar de las Antillas. La mitad de las fuerzas recibidas fue destinada por Menéndez a la defensa de San Agustín y otros lugares de la costa. Con el resto, procedió personalmente a establecer guarniciones en Cuba, La Española y Puerto Rico. Santiago de Cuba recibió por primera vez cincuenta arcabuceros para su defensa; San Cristóbal de La Habana, doscientos hombres con seis cañones y mucho material de guerra.

---

64. Ibídem

El envío de los doscientos hombres que venían a reforzar la guarnición de San Cristóbal de La Habana quedó consignado en el Acta Capitular del Ayuntamiento de la ciudad, de fecha 17 de febrero de 1567, donde quedó constancia de lo que se trató en la reunión que sostuvo el Capitán General García Osorio con los señores Antonio de la Torre, Juan de Ynestrosa, Diego López y Diego de Soto, regidores, con estas palabras:

> En este cabildo trató su merced del dicho Señor Gobernador con los dichos Señores regidores que ya saben como Su Magestad mandó al adelantado Pedro Menendez de Avilés que enviase á este puerto para la defensa de él alguna gente é que habiendole pedido el dicho Señor Gobernador que le entregue la dicha gente é que habiendole pedido el dicho Señor Gobernador que le entregue la dicha gente para desde luego poner en órden todas las cosas necesarias que convengan para la defensa desta tierra á lo cual el dicho adelantado ha respondido que deja dos cientos hombres é por capitan dellos á Baltasar de Barrera é que habiendo visto el dicho Señor Gobernador lo que Su Magestad manda acerca desto ha hecho sobre ello al dicho adelantado ciertos requerimientos...[65]

Por otra parte, el Adelantado Pedro Menéndez de Avilés gestionó nuevamente con el gobernador García Osorio la adquisición de algunas cantidades de casabe y de carne necesarias para la alimentación de las guarniciones de la Florida. El gobernador trataba de dar lo menos posible, receloso del poder y las ambiciones que creía ver en Menéndez de Avilés, quien por su parte sólo estaba interesado en cumplir las órdenes directas que le había dado Felipe II. El caso es que en una nueva reunión de los capitulares de San Cristóbal de La Habana, efectuada el 1 de abril de 1567, se dieron las primeras

---

65. Actas Capitulares del Ayuntamiento de La Habana, tomo II 1566-1574, Cabildo de 17.II.1567

condiciones para iniciar el comercio entre la Isla de Cuba y la península de la Florida, relación de intercambio que se prolongó durante más de dos siglos y medio:

> Fue tratado por su merced del dicho Señor Gobernador y regidores que por cuanto el adelantado Pedro Menendez de Aviles adelantado de las provincias de la Florida ha pedido para proveimiento de la gente de la Florida *quinientas cargas de casabi y mil arrobas* de carne que se dé orden en este cabildo como se le puedan dar y repartir y fue acordado para que se entienda lo que cada vecino podrá dar que un regidor y un vecino desta villa juntamente con él visiten todos los conucos desta villa y pueblo de Guanabacoa para que visto se haga el rrepartimiento conforme á la posibilidad que hay...
>
> E luego incontinenti su merced del dicho Señor Gobernador dijeron que se dé noticia al dicho adelantado Pedro Menendez del precio que comunmente vale entre los vecinos desta villa el casabi como parece que sus dichos é declaraciones que cerca desto hicieron é que si desta manera lo quisiere se le mandará á hacer toda la cantidad que se pudiere hacer conforme á la posibilidad de cada uno y que si le parece escesivo precio que no se ocuparán en hacer esto porque tienen otras... que hacer en sus haciendas y en... demas de la carne que pide que... el Señor adelantado quien son... personas que éstan obligadas a le dar carne é se escusan de no dar... por decir haberlles quitado los indios que su merced del dicho Señor Gobernador por todo este año les dará la... que puedan tener los dichos indios en sus corrales para que puedan hacer la dicha carne y... la obligación que tienen... al dicho Señor adelantado y ansi mismo para que mejor provea sin necesidad se le dará cien hanegas de maiz y todo... mas se pudiere recojer de... para cosecha que sera de aqui á quince o veinte dias si la quisiere tomar al precio que comunmente entre los... desta villa[66]

---

66. Ibídem, Cabildo de 1.IV.1567

En la ciudad, desde ese momento, radicaban dos autoridades independientes: la del jefe de la guarnición, subordinado al Adelantado Pedro Menéndez de Avilés, y el gobernador García Osorio, y esta dualidad de mando no tardó en desencadenar dificultades muy serias: en cierta ocasión, el jefe de la guarnición llegó hasta hacer armas contra el gobernador, quien, por su parte, puso todas las dificultades posibles al empeño de Menéndez de obtener recursos y auxilios de La Habana. Puesto en situación peligrosa por no contar con el apoyo del gobernador de Cuba, Menéndez de Avilés viajó a España para exponer la situación al rey y explicarle que sin la base militar y naval de San Cristóbal de La Habana difícilmente se podrían defender las conquistas de la Florida. Ante el problema planteado, Felipe II decidió relevar al gobernador García Osorio y Don Pedro Menéndez de Avilés recibió, por decreto firmado el 13 de marzo de 1568, el gobierno de Cuba además del de la Florida con facultades para administrar la Isla por medio de un teniente de gobernador que él mismo designara[67].

De esta forma y por un tiempo, la Isla de Cuba se convirtió en una dependencia de la Florida, subordinada al Adelantado que era además gobernador de este territorio.

La unificación del mando revestía un carácter urgente y se había realizado en el momento oportuno, porque marinos ingleses como John Hawkins merodeaban por las Antillas afectando el monopolio comercial de España. En 1567, cuando la flota de Nueva España llegaba a Veracruz, encontraron a Hawkins que había anclado sus buques en el puerto. El almirante de la flota no lo pensó dos veces y sin andar con contemplaciones, atacó al marino inglés y echó a pique dos de sus naves, una de las cuales era propiedad privada de la propia reina Isabel. Espantado, Hawkins logró huir en la tercera nave junto con el que después sería un famoso corsario, Francis Drake, quien inició sus correrías poco después, en 1570, al principio lejos de las aguas de Cuba.

---

67. Ibídem (45), pp. 81-82

CAPÍTULO X

BANDIDOS EN EL CARIBE, MISIONEROS JE-SUITAS EN LA FLORIDA

Pero muchos meses antes de que Drake comenzara a merodear por las Antillas, el Mar Caribe se había vuelto ya inseguro y peligroso. Cuando los franceses se asentaron en la Florida, sus correrías eran muy frecuentes. El antecesor de García Osorio en el gobierno de Cuba, Diego de Mazariegos, fue víctima de una de ellas en 1565 cuando acababa de ser relevado de su mando en la Isla y se hallaba en viaje para el gobierno de Venezuela, cuando la nave que lo conducía fue sorprendida frente al Mariel por dos galeras francesas procedentes de la Florida, que se hallaban tripuladas por gentes de un grupo que, separándose de Ribault y Laudonnière, se había establecido más al sur para dedicarse al corso...

Los captores permitieron que Mazariegos escribiera una carta a su esposa que aún se hallaba en San Cristóbal de La Habana, para que ésta le enviase el rescate que exigían los corsarios para dejarlo en libertad: el portador del mensaje fue un hijo del mismo Mazariegos y éste le encargó verbalmente que pusiera en conocimiento de las fuerzas de Pedro Menéndez Márquez, recién llegadas de España y que estaban estacionadas en el puerto, la apurada situación en que se encontraba.

Al conocer los detalles, Menéndez Márquez despachó inmediatamente una fragata y dos pataches bien armados en auxilio del ex gobernador y demás españoles prisioneros, y estas naves lograron a su vez sorprender a los franceses: varios fueron muertos en la refriega, cuarenta quedaron prisioneros y los restantes escaparon en la más andadora y veloz de las galeras[68].

Después de destruir los establecimientos franceses de la Florida, el Adelantado Menéndez de Avilés desencadenó una activa persecución contra los corsarios y contrabandistas, y logró poner fin a sus depredaciones. Pero Menéndez fue llamado a la península justo en el momento en que se daba la orden de concentrar la mayor parte de las fuerzas españolas en aguas europeas, oportunidad que aprovecharon los buques extranjeros dedicados al corso y al contrabando que comenzaron a aparecer en las costas cubanas, provocando una inseguridad que se mantuvo durante muchos años, sobre todo en las poblaciones del interior de la Isla[69]. La correlación de fuerzas navales disminuyó en las Antillas con la gran concentración de buques de guerra españoles en mares europeos, y sobre todo por la ausencia del destacado y enérgico marino Don Pedro Menéndez de Avilés.

Después de esta dura etapa y antes de 1580, la Isla de Cuba recuperaba su posición anterior de indiscutible Llave del Nuevo Mundo y la península de la Florida quedaba nuevamente supeditada en lo civil a los Capitanes Generales y en lo eclesiástico al Obispo de la Diócesis cubana.

Los jesuitas en la Florida. Su llegada a La Habana: se proyecta la creación de un Colegio de la Compañía. Fundación de un hospital. Establecimiento de los jesuitas en la Florida, desde 1566 hasta 1572. Misiones fundadas. Civilización y evangelización: soldados y religiosos.
Las Misiones de los jesuitas

No existen dudas de que Menéndez de Avilés deseaba evangelizar y civilizar a los indígenas de la Florida. En una carta que envió a Felipe

68. Ibídem (21), pp. 56-57
69. Ibídem, pp. 82-83

II el 15 de octubre de 1565, se expresaba sobre el particular en estos términos:

De mí esté V. M. cierto que allende lo que soy obligado, todo cuanto pudiere ver, ganar y adquirir entre deudos y amigos, lo gastaré todo en esta empresa, para lo poder llevar adelante, y salga a luz con ella, y se predique a estos naturales el Evangelio[70].

Impulsado por su afán evangelizador, el Adelantado Pedro Menéndez de Avilés aprovechó la amistad personal que lo unía con Francisco de Borja, General de la Compañía de Jesús, para que asignara a algunos jesuitas la tarea de cristianizar la Florida, que emprendieron con gran empeño y celo apostólico. Menéndez utilizó su influencia cerca de Felipe II después de realizar las coordinaciones pertinentes con Borja, hasta que obtuvo en 1566, por Real Cédula firmada el 3 de marzo, los reales permisos:

El permiso parcial concedido inicialmente a la Compañía de Jesús para ir a la Florida y el Perú era consecuencia de la petición que Felipe II, con real cédula de 3 de marzo de 1566, había hecho al padre Aráoz de veinticuatro jesuitas… Así se interrumpía y aún cesaba la tradición de las *cuatro* Órdenes reservadas para Ultramar…71

Para cumplir la orden de Francisco de Borja, el 28 de junio de 1566 partieron de Sanlúcar de Barrameda tres padres jesuitas destinados a la Florida: Pedro Martínez, que venía como superior, Juan Rogel y el hermano Francisco Villarreal, que antes de desembarcar en su destino hicieron escala en San Cristóbal de La Habana[72]. Después de una breve estancia continuaron su viaje a la Florida, donde el P. Pedro

---

70. Ibídem (24), p. 26

71. Bruno, Cayetano. Las Órdenes Religiosas en la Evangelización de las Indias. Ediciones Didascalia, Rosario, 1992, p. 37

72. Larrúa Guedes, Salvador. Historia de la Iglesia Cubana (en su contexto socioeconómico y cultural). Original en poder del autor. La Habana, 1994, p. 75

Martínez sería asesinado por los indios poco tiempo de su llegada, en la isla de Tocatucur, cerca de donde se levantó el fuerte de San Mateo, en las afueras de la que es actualmente ciudad de Jacksonville[73]. Entonces el Padre Juan Rogel y el hermano Francisco Villarreal fueron a La Habana y regresaron poco después a la península en una expedición que organizó Menéndez de Avilés a fines de febrero de 1567. De sus hechos a partir de este momento se ha dicho que

> Llegaron a Tequesta, en la orilla oriental del lago Okeechobee, donde Menéndez había asentado una guarnición. El hermano Villarreal se quedaría en Tequesta para evangelizar a los indios de esta área. El padre Rogel misionaría primero en Calusa, toda la región del sur; después misionó en Orista, que estaba al norte de lo que es hoy el estado de Georgia[74].

Unos meses antes, ante la necesidad de curar a los heridos y enfermos durante la gran aventura de la conquista de la Florida, y por no contar la capital de Cuba con una instalación al efecto, Don Pedro Menéndez de Avilés adquirió y acondicionó una casa en San Cristóbal de La Habana para que funcionara como hospital donde pudieran ser atendidos los militares y tripulantes de la flota. El hospital, primero que funcionó de forma oficial en la ciudad, sirvió a los propósitos del Adelantado mientras duró la conquista, y existía gracias a los descuentos que se hacían de los haberes de los pacientes. Concluida la ocupación de la Florida, el hospital se refundió con el de San Felipe, se añadieron para su subsistencia algunas suscripciones mensuales y las pequeñas rentas de algunas mandas pías, con lo que el centro comenzó a dedicarse a la atención de las personas más pobres y desamparadas de La Habana:

---

73. Ibídem (31), p. 36
74. Ibídem, p. 37

...insuficiente el pobre albergue donde se asistía á los enfermos del estado civil, el Adelantado Pedro Menéndez de Avilés, encargado entonces de la conquista de la Florida, y luego del gobierno de la isla al mismo tiempo, alquiló una casa en la Habana para la curación de los militares y marinos enfermos ó heridos de aquella jornada. En los primeros años, este asilo no contó para su sostén con otros medios que las hospitalidades que de su haber se descontaba á los que en él se recibían. Concluida aquella conquista, y siendo entonces el vecindario de la Habana tan insignificante por su número como por su guarnicion, refundio en el de San Felipe el hospital destinado antes á los del pueblo y gente de color, y á las hospitalidades de los militares, añadió entonces esta casa las limosnas ó suscripciones mensuales, y las cortas rentas de algunas mandas pias que se habían ido legando para su sostenimiento[75].

De esta forma surgió el que sería después Hospital de San Juan de Dios en La Habana, gracias a la conquista de la Florida, que en los primeros tiempos también recibía a los enfermos y heridos procedentes de la península del norte.

Por esos días, el Adelantado Menéndez de Avilés había concebido la idea de crear en San Cristóbal de La Habana un colegio regido por padres de la Compañía de Jesús, donde los religiosos jesuitas se aclimatarían para el trabajo misionero en Cuba y la Florida, y además con miras al posterior fortalecimiento de las misiones de Nueva España y el Perú. La idea tenía buenos fundamentos puesto que en Cuba había una diócesis aunque La Habana no fuera la sede oficial, pero sí la ciudad más importante con su Parroquial Mayor. Por otra parte, La Habana era el paso obligado de los barcos que hacían la ruta de España al Nuevo Mundo y viceversa… la Provincia de Andalucía contribuiría a las misiones de América con el Padre Gonzalo de Álamo.

---

75. Ibídem,

El Padre Provincial de la Compañía de Jesús, Jerónimo Ruiz del Portillo, al enviar a este padre al Nuevo Mundo, tenía el objetivo de apuntalar las misiones con un buen teólogo y moralista que resolviera las dudas constantes que se pudieran presentar en el nuevo campo de apostolado. Menéndez de Avilés, por su parte, pensaba que doce jesuitas serían suficientes para comenzar en el colegio que se establecería en La Habana[76]. Ni corto ni perezoso, el Adelantado de la Florida y Capitán General de Cuba sometió a la consideración del Provincial Ruiz del Portillo esta idea de fundar un colegio habanero, a imitación del de Santa Cruz de Tlatelolco, que fundaron los franciscanos en México,

> para la administracion de los naturales desta gobernación y los demás pobres della, que quisiesen rescibir y se aprovechar de las artes que en el dicho colegio se muestran, ansí en el arte de la gramática como en el de canto llano y de órgano, y a leer y escribir y mostrar la doctrina cristiana, sin precio ni interés alguno[77].

Existen pruebas de que efectivamente los jesuitas llegaron a fundar el Colegio en la ciudad de San Cristóbal de La Habana, y de que el primer objetivo de la fundación era enseñar los primeros conocimientos a los hijos de los caciques de la Florida cuyos pueblos se encontraban en vías de conversión. Aunque en algunos documentos este centro recibe el nombre de "colegio" parece que en realidad no se dedicó a nada más que a la enseñanza del catecismo y que su vida fue muy corta, alcanzando como máximo cinco o seis años, poco menos que el tiempo que duró el empeño evangelizador de los Padres de la Compañía de Jesús en la Florida[78].

---

76. Ibídem (25), p. 36
77., p. 36
78. Morales, fray Francisco o.f.m. Franciscanos en América-Quinientos años de presencia evangelizadora. Méjico, 1993, p. 113

El 13 de abril de 1568 zarpaba de España un nuevo grupo de jesuitas integrado por los Padres Juan Bautista de Segura, Gonzalo de Álamo y Antonio Sedano, y los hermanos Juan de la Carrera, Pedro de Linares y Domingo Agustín Báez. Las primeras impresiones que recibieron al llegar a San Agustín de la Florida fueron muy deprimentes ante el espectáculo de miseria y de hambre que ofrecían los soldados de la guarnición, quienes

estaban hechos pedazos y tan maltratados, que era compasión verlos[79]

En noviembre de 1568 los Padres Segura, Sedano y Álamo se instalaron en la zona de Tequesta, al pie del lago Okeechobee, donde se encontraba trabajando el hermano Francisco Villarreal. Tiempo después, los Padres Segura y Sedano se trasladaron a la zona de Gualé, en la costa del actual estado de Georgia, para continuar su trabajo. El centro de su apostolado lo establecerían en las provincias de Gualé y Santa Elena, ubicadas en la parte oriental de Georgia y Carolina del Sur. Por su parte, el Padre Rogel se estableció en Orista, pueblo principal de la región donde se fundaría después Santa Elena de la Florida, acompañado por dos de los hermanos que vinieron con la expedición, y el Padre Sedano, con el hermano Báez y varios catequistas de la zona de Gualé, en las islas de Amalia, al sur de la desembocadura del río Santa María, hoy St. Mary's River, y en la parte septentrional de Georgia. El Padre Segura, como superior de la misión jesuítica, recorrería los distintos centros de apostolado para alentar a los padres en sus andanzas evangelizadoras.

Sin embargo, los frutos de su trabajo eran escasos. A pesar del celo apostólico que caracterizó a estos primeros misioneros, el resultado general respecto a la conversión de los indios durante los ocho años de estancia en la Florida no eran destacados. Para 1570 solamente habían logrado bautizar en Gualé a siete indígenas, de los que cuatro eran

---

79. Ibídem (25), p. 37

niños y los restantes se encontraban en peligro de muerte. La predicación se les hacía muy difícil, porque los indígenas mostraban una hostilidad tan grande contra los misioneros, que los padres tuvieron que dejar la misión y regresar a la villa de San Agustín. Lo mismo tuvieron que hacer los que trabajaban en la zona donde se ubicó Santa Elena, al ver que no podían conseguir nada de aquellos indios[80].

Sin embargo, el Adelantado Pedro Menéndez de Avilés, con una firmeza inquebrantable, no cejaba en su propósito de convertir a los indios a la fe católica. El 31 de diciembre de 1569 escribía desde Cádiz este mensaje para Felipe II:

Yo, conforme al asiento que con V. M. tengo tomado, he cumplido y cumpliré mucho más de lo que soy obligado, porque entendiendo ser empresa tan del servicio de Dios Nuestro Señor y de V. M., todo cuanto tengo, adquiriere y ganado, lo tengo ofrecido a Nuestro Señor, sirviéndole con ello, y para procurar que los indios de aquella provincia sean alumbrados y den a V. M. la obediencia[81]

Las cartas del Adelantado Menéndez de Avilés y las crónicas de los jesuitas dirigidas tanto a Felipe II como a San Francisco de Borja, resultan contradictorias. Por una parte, resalta el optimismo inagotable de Menéndez respecto a la conversión de los indígenas de la Florida, y por otra, el desaliento de los misioneros de la Compañía que se enfrentaban directamente a la inestabilidad de los indios, volubles por naturaleza, y que llegaban a perder la esperanza de que se convirtieran. El Padre Rogel expresaba que

…era menester reunir a los indios en poblados para que la labor de evangelización tuviera éxito, pues de otra suerte, aunque cincuenta años anden religiosos entre ellos, no harán más fruto de que hemos

---

80. Ibídem, Cf. pp. 37-39
81. Ibídem (24), p. 37

hecho estos cuatro años que andamos entre ellos, que es ninguno, ni aun esperanza ni apariencia de ello[82].

Es indudable que los razonamientos del Padre Rogel eran fruto de una experiencia amarga, pero el remedio que proponía de reunir a los indios en pueblos no era viable, puesto que

...la pobreza de la tierra en aquella costa imposibilitaba la reunión de los indios en pueblos estables[83].

Para complicar más el trabajo de los jesuitas en la Florida, comenzaron a surgir problemas entre los religiosos y los soldados de la guarnición, problemas que se convertirían en una pesadilla constante para los jesuitas primero y para los franciscanos después durante toda la etapa colonial, porque la rudeza de los soldados y sus malos tratos causaban disgusto a los indígenas y desbarataba la paciente labor de acercamiento de los misioneros. Un ejemplo típico de esta situación se dio en 1570 cuando llegó a Escamacu, cerca de Orista, el alférez Juan de Valera, enviado por el gobernador de Santa Elena, y se dedicó a intimidar a los caciques que residían en los alrededores para conseguir que llevasen a San Agustín algunas canoas cargadas de maíz, para atender a las necesidades de la guarnición. Ante las presiones y exigencias del alférez, los indígenas de Escamacu y Orista se sublevaron y tuvo que intervenir Don Pedro Menéndez Márquez, sobrino del Adelantado, para aplacar la furia de los naturales[84].

Hay que considerar por otra parte el hecho de que los misioneros residían junto a las guarniciones porque éstas garantizaban su seguridad, y aquella situación traía consigo que atendieran espiritualmente tanto a los indios como a los soldados. Ante aquella situación,

---

82. Ibídem (25), p. 33
83. Arenas Frutos, Isabel. La Iglesia en la Florida en el Siglo XVII. Universidad de Sevilla, Sevilla, 1991, Cf. p. 45 ss.
84. Ibídem, p. 47

Menéndez de Avilés pedía para el servicio de las guarniciones los misioneros que se ocuparan de atender a los españoles, una vez frustrados ante la negativa de los indios a convertirse. Entonces, los jesuitas contestaban que su misión principal era la evangelización de los indígenas, y

El Superior General escribía a sus religiosos en la Florida diciendo que sería necesario se establecieran fuera de los fuertes de los soldados, que debían tener sus propios lugares para vivir, fundando para ello un colegio o propios lugares para vivir, o residencia en aquellas provincias, y, así, irse turnando en el oficio de predicar y confesar a las guarniciones[85]

Eran años durante los cuales se podía hablar de dos sistemas de misión en la Florida: uno en las zonas de Calusa y Tequesta, donde las misiones de los Padres estaban protegidas por las guarniciones, con muy pocos resultados a causa, según comentaban los jesuitas, de las presiones que los soldados ejercían sobre los indígenas; y el otro sistema se daba en los territorios de Orista y Gualé, donde los misioneros trabajaban independientemente de la existencia de guarniciones españolas, aunque tuvieron que cerrar las dos misiones iniciadas a causa de la existencia nómada de los indios, que se mudaban constantemente para garantizar la obtención de alimentos, y a los padres les resultaba muy difícil seguirlos en sus correrías.

Todos los Padres se encontraban conformes en que

...en la acción unida de soldados, colonizadores y misioneros, se encontraba el éxito de la labor misional, circunstancia que no pudo llevarse a cabo en la Florida[86].

---

85. Ibídem (24), p. 38
86. Ibídem (48), p. 49

Aquella pugna entre intereses contrapuestos de soldados y misioneros, unidas a las dificultades del clima y al mal carácter y hostilidad que se juntaban a la inestabilidad de los indígenas, que practicaban una existencia nómada con frecuentes cambios en sus asentamientos que iban en contra del aprendizaje de la fe católica, terminaron solamente cuando los padres jesuitas se vieron obligados por el Padre General a abandonar el territorio floridano, que quedó regado y abonado por su sangre.

CAPÍTULO XI

MARTIRIO DE LOS JESUITAS, FRACASO DE LAS MISIONES

Los mártires de la Compañía de Jesús. Causas del fracaso y salida de los jesuitas. Misiones que fundaron los jesuitas en la Florida. Disminución de la población indígena con las enfermedades europeas. Fracaso de los jesuitas

Los problemas con la autoridad civil, que no estaba capacitada para resolver las fricciones entre los religiosos y los soldados de las guarniciones, el nomadismo de los indomables indígenas floridanos y su temperamento suspicaz, voluble y guerrero, unido a las malas condiciones de vida, la escasez, el hambre y las contradicciones entre las exigencias de la nueva religión y las conductas y costumbres ancestrales de los indios, no auguraban grandes progresos a los misioneros de la Compañía de Jesús, y con el paso de los meses su esfuerzo se fue acercando a un desenlace fatal.

El P. Juan Bautista Segura s.j., ante tantos contratiempos y tan escasos y magros resultados, se expresaba de la forma siguiente en una carta dirigida al Prepósito General de la Compañía de Jesús:

> Para cumplir con el Instituto que profesamos… Vuestra Paternidad verá si convendrá más para la mayor gloria de Nuestro Señor que (los jesuitas que misionan en la Florida) gasten (la salud y las fuerzas corporales) adonde se espera más fruto[87].

---

87. Errasti, Fray Mariano. América Franciscana II. CEFEPAL, Santiago de Chile, 1990, p. 101

En 1570 desembarcaron en la Florida los integrantes de una nueva arribazón misionera para reforzar el territorio: el jesuita P. Luis Quirós y los hermanos Daniel Gómez y Sancho Zeballos, acompañados por el indio converso Don Luis de Velasco, quien llevaba este apelativo porque en ocasión de su bautismo tuvo por padrino al virrey del mismo nombre, Don Luis de Velasco, el patrocinador de la fracasada expedición a la Florida de Tristán de Luna y Arellano. Este indio pudo viajar a España y pasó algún tiempo en el convento que tenía la Compañía de Jesús en Sevilla, y aprovechó su estancia para convencer con buenas razones a algunos religiosos para que vinieran al Nuevo Mundo y colaboraran en la evangelización de la Florida.

Su esfuerzo culminó en el traslado de un grupo de jesuitas al territorio floridano, donde establecieron una misión. Poco a poco, los padres comenzaron a hacer una gran dependencia del indio Don Luis, que era su intérprete y por lo tanto el que trasladaba los conocimientos de la doctrina cristiana a los indígenas. Pero el comportamiento de Don Luis comenzó a ser deplorable desde el punto de vista moral, surgieron serios problemas, los jesuitas lo amonestaron con dureza, y el traidor, mentiroso y sinuoso mejicano Don Luis se fue de la misión, no sin que antes prometiera, con dolosa intención, regresar algún día.

Pero pasaba el tiempo y el tal converso no daba señales de vida, por lo que el Padre Juan Bautista Segura mandó en su busca al Padre Quirós y a los hermanos Gabriel Gómez y Juan Bautista Méndez. El pequeño grupo partió tras las huellas de Don Luis, a quien encontraron finalmente. Al ser requerido, el indio pidió disculpas por sus faltas y por haber demorado su regreso, y durante el viaje de vuelta aprovechó la primera oportunidad para asesinar a los tres religiosos, sorprendiéndolos a traición. Cuatro días después, el infame Don Luis atacó el centro misionero al frente de un grupo de indígenas rebeldes al que se había incorporado, y entre todos asesinaron a hachazos al

P. Segura y a sus compañeros jesuitas Gabriel Solís, Pedro de Linares, Cristóbal Redondo y Sancho de Zeballos[88].

Cuando llegó la noticia del martirio de los religiosos al Padre Superior General de la Compañía, Francisco de Borja, se decidió que los jesuitas abandonaran inmediatamente la Florida. Esta coyuntura hizo que no mucho tiempo después el Adelantado Pedro Menéndez de Avilés acudiera a la Orden de San Francisco, siempre disponible y presente, para que tomara a su cargo la evangelización, lo que se llevó a la práctica desde el año 1573.

Las misiones que establecieron los jesuitas en la Florida desde 1565 hasta 1572 se relacionan a continuación:

- San Agustín (En Matanzas Harbor, costa este de la Florida)
- San Mateo (En St. John's River, costa este de la Florida)
- Santa Elena (En Port Royal Sound, costa este de la Florida)
- Orista (en la costa de Carolina del Sur, costa este de la Florida española)
- Axan (en el interior del actual estado de Virginia, cerca de la bahía de Chesapeake)
- Ays (próxima a Cabo Cañaveral, en la costa central-este de la Florida)
- Tequesta (en la costa sur de la Florida)
- San Antonio (Carlos), (en la costa de Charlotte Harbor, costa oeste de la Florida)
- Tocobago (cerca de la bahía de Tampa, en la costa oeste de la Florida)[89].

La falta de apoyo por parte de los gobernadores y las guarniciones españolas parece haber sido el motivo principal del desastre que experimentaron los jesuitas, el martirio de algunos Padres y la decisión final del General de la Compañía...

---

88. Ibídem (25), p. 46
89. Ibídem (24), p. 52

Sin embargo, entre las causas fundamentales que determinaron la salida de los religiosos de la Compañía de Jesús de la Florida, figuran como principales las que se detallan de inmediato:

La falta de un verdadero apoyo por parte de los superiores mayores de la Compañía, seguramente porque ignoraban casi por completo las durísimas condiciones en que los misioneros tuvieron que desempeñar su trabajo. Hay que tomar en consideración que los religiosos entraban en un mundo desconocido, en el que se libraba una guerra sorda contra los protestantes franceses, de siempre enemigos de la monarquía española. Para complicar más la situación, los padres no veían claro si se les pedía exclusivamente la conversión de los indios o ser capellanes de las guarniciones españolas que venían a defender la nueva colonia contra los enemigos europeos, o ambas cosas.

La falta de experiencia y de habilidades de los misioneros para enfrentarse a los deseos naturales, costumbres atávicas y hábitos más arraigados de los indígenas, tales como la poligamia y el politeísmo, que enseguida entraban en conflicto con la fe cristiana. Este problema tuvieron que enfrentarlo también los franciscanos poco tiempo después, y aunque seguramente su tradición y experiencia era mayor en materia de misiones, de todas formas les costaría el martirio de varios religiosos y el cautiverio de otro fraile. Muchas veces parecía que los misioneros esperaban de buena fe que las nuevas conversiones tuvieran lugar de forma milagrosa, y se frustraron rápidamente al ver que tales milagros no ocurrían.

Las frecuentes y largas ausencias del territorio floridano del Adelantado Pedro Menéndez de Avilés durante los años que funcionaron las misiones de los jesuitas.

El desacuerdo, al parecer irreconciliable, entre misioneros, soldados, oficiales y seglares de la Florida sobre la forma en que debían ser tratados los indios y la ubicación de los centros misioneros en relación con las fortificaciones y puestos militares.

La habitual condición miserable del suelo floridano que era sumamente pobre, la constante hambruna que tenían que padecer los colonos, soldados y religiosos, las guerras de los indios y contra los indios, las deserciones y la desmoralización de las tropas sin pago o sin sueldo durante largo tiempo.

Las malas condiciones de vida que tenían los españoles en la Florida les hacía depender demasiado de la colaboración de los indígenas para subsistir, lo que creó una fuerte animosidad en los indios contra los españoles. La consecuencia fue la pérdida del respeto, la cooperación y la simpatía para aproximarse a la religión católica de los colonizadores[90].

En resumen, no se puede decir que el fracaso de los jesuitas fuera total ni tampoco que su sacrificio resultara inútil en el intento de establecer el cristianismo entre los indígenas floridanos. Desde los mismos comienzos, es bien sabido que la sangre de los mártires es la mejor semilla de cristianos: y el esfuerzo y la sangre generosa que dejaron los jesuitas en el suelo de la Florida fueron las bases sobre las cuales un nuevo ejército de Cristo, el de los Hijos de San Francisco de Asís, se mantuviera durante 248 años, superando las mayores dificultades y obstáculos que parecían imposibles, en la brega por implantar la Cruz y proclamar la Fe en la Resurrección entre los fieros indígenas de esta parte tan inhóspita del Nuevo Mundo.

Por aquella época, precisamente cuando tuvo lugar la salida de los Padres de la Compañía del territorio, los indígenas de la Florida comenzaron a ser afectados por varias enfermedades importadas de Europa que llegaron junto con los colonizadores, sobre todo por la

---

90. Morales, fray Francisco o.f.m. Franciscanos en América-Quinientos años de presencia evangelizadora. Méjico, 1993, p. 245

viruela. De la misma forma que ocurrió en las Antillas y en otras colonias españolas, la viruela que llegaba sobre los barcos, en los cuerpos de hombres y animales enfermos, comenzó a cobrar cuantiosas víctimas entre los naturales. En Cuba, por ejemplo, la viruela se llevó consigo a comienzos del siglo XVI más de un tercio de la población nativa, cebándose en organismos que carecían de defensas ante el ataque de una enfermedad que nunca antes había afectado a la población autóctona del Nuevo Mundo.

Y la aparición de la enfermedad entre los indios, en forma de epidemia, vino a complicar todavía más las cosas y haría todavía más duro el trabajo posterior de los misioneros.

CAPÍTULO XII

ARRIBAN LOS FRANCISCANOS
LA OBRA DEL ADELANTADO

El rey de España solicita al Comisario General de las Indias el envío de seis misioneros franciscanos a la Florida. Se abren los primeros frentes misioneros de los frailes seráficos. Cómo vivían los Hijos de San Francisco encargados de las Misiones de la Florida

Nuevos misioneros para la Florida: los franciscanos

Como ya sabemos, la conquista y el aseguramiento del territorio floridano era una de las piezas fundamentales en la estrategia de dominación española del Nuevo Mundo. Para garantizar el poder de España, era necesario someter a los indómitos naturales y ganarlos para la fe de Jesucristo, empeño en el que habían fracasado sucesivamente los frailes predicadores y los Padres de la Compañía de Jesús, estos últimos martirizados en 1571, abandonando el territorio poco después.

La salida de los jesuitas del territorio floridano debe haber sido un golpe muy duro para los propósitos de Pedro Menéndez de Avilés, que tenía órdenes estrictas del monarca para consolidar el poder de España en la nueva provincia tanto desde el punto de vista espiritual como desde el aspecto material. Aquella desaparición un tanto precipitada de las misiones jesuitas después de algunos éxitos parciales y de haber echado a andar la evangelización, como ya hemos visto, podía frenar el trabajo cristianizador que tenía que llevar a cabo el Adelantado. Y como la conquista del territorio no era posible si no se evangelizaba a los naturales, alguna orden religiosa tendría que llenar el vacío dejado por la Compañía de Jesús.

Al parecer, los Hijos del Santo de Asís estaban bien entrenados para llevar al Reino las almas de aquellos naturales indómitos. Por otra parte, la de San Francisco era la orden religiosa que tenía más capacidad para aportar personal misionero y de hecho, la que tenía una presencia más significativa en las Indias. No constituía un secreto para nadie que los seráficos eran los religiosos que demoraban menos en acercarse a los indígenas del Nuevo Mundo, en confraternizar con ellos y ganarse su confianza hasta un alto grado de familiaridad. Sus hechos y buenas relaciones con los indios en La Española, en Puerto Rico y en la vecina Isla de Cuba atestiguaban sus éxitos, por lo que Menéndez de Avilés no demoró mucho en presentar estas consideraciones a Su Majestad, el poderoso monarca Felipe II.

Después de un extenso intercambio epistolar entre el Adelantado Pedro Menéndez de Avilés que en ese momento fungía como gobernador y Capitán General de Cuba y Su Majestad Felipe II, el rey dictó una Real Cédula de fecha 23 de febrero de 1573 por la que pedía al Comisario General de los Franciscanos en las Indias, que

> elijáis y nombréis seis religiosos de vuestra Orden que sean personas de mucha suficiencia, cristiandad y recogimiento… para que vayan a las dichas provincias de la Florida[91]

Si se toman en cuenta los desastres sucesivos de dominicos y jesuitas, los franciscanos debían ser, en verdad, *"personas de mucha suficiencia, cristiandad y recogimiento"* para enfrentar con éxito las dificilísimas condiciones de la Florida y la mala disposición de los indígenas.

---

91. Errasti, Mariano. América Franciscana II. Doctrinas, Misiones y Misioneros. CEFEPAL, Santiago de Chile, 1990, p. 101

Otra Real Cédula, dictada en la misma fecha del 23 de febrero de 1573 y dirigida en esta ocasión al Adelantado Pedro Menéndez de Avilés, comunica la decisión del monarca

> ordenando en ella al adelantado… que continuase la labor de colonización emprendida en tierras floridanas y que le acompañasen 12 frailes franciscanos[92]

Llama la atención que la Real Cédula enviada al Comisario General de los Franciscanos en las Indias solicitara seis frailes, y que la enviada a Menéndez de Avilés mencione la cifra de doce. Se ha dicho al respecto que este número doce, que es el número de los seguidores de Jesús, muestra la evidente intención de éxito y continuidad que se deseaba para aquel territorio en el aspecto religioso, en un afán quizás de emular, dentro de las limitaciones de espacio y número de habitantes, al conseguido por "los Doce Apóstoles" en tierras mejicanas[93].

Como Superior de los primeros franciscanos que llegaron a la Florida en virtud de la solicitud Real, vino fray Alonso Reinoso. Se sabe que con él desembarcó fray Alonso de Escobedo, (aunque algunos autores manifiestan que este último desembarcó en la Florida en 1587) pero se desconocen los nombres de los demás religiosos que llegaron en esta expedición. A partir de esta fecha, en sucesivas oleadas, fueron llegando nuevas remisiones de religiosos que se instalaron en la costa oriental del territorio de los Estados Unidos que mira al Atlántico, y que limitaron su acción en un principio a la región comprendida entre San Agustín y Santa Elena, actual Port Royal Sound. Muy poco después de la llegada del primer grupo, fray Alonso Reinoso dispuso la construcción del primer convento: el Convento de la Inmaculada Concepción en San Agustín de la Florida, que en

---

92. Morales, Francisco ofm. Franciscanos en América – Quinientos años de presencia evangelizadora. Méjico, 1993, p. 248
93. Ibídem.

sus inicios fue una casa muy humilde y muy pobre construida de madera con techo de paja, al igual que los primeros establecimientos de los seráficos levantados en La Española y en Cuba. Durante los años siguientes el convento fue levantado de nuevo en piedra y tejas, lo que demoró muchos años, como todas las construcciones de aquella época, por la falta de recursos y de materiales y por lo lento del avance de las edificaciones.

Fray Alonso de Reinoso fue un seráfico que brilló por su labor apostólica y su dedicación al trabajo misionero. Todos los historiadores de la Florida y de las misiones franciscanas destacan su figura extraordinaria y consideran que encarnó el alma del trabajo evangelizador en la década de los años 80 del siglo XVI. Herbert E. Bolton designó a fray Alonso Reinoso

el Junípero Serra del siglo XVI en la costa del Atlántico[94],

mientras que J. T. Lanning lo calificó con estas palabras:

(fue) un hombre con una persuasión y vigor extraordinarios[95],

y en el criterio de otros estudiosos del empeño evangelizador de los franciscanos en la Florida,

gracias a su energía se pudieron mantener aquellas peligrosas e incómodas avanzadillas, desde cuyas posiciones saltaron los misioneros a la conquista del interior de la Florida[96]

Sin embargo, es posible que la descripción más precisa de fray Alonso Reinoso sea la que dejó su compañero fray Alonso de Escobedo, que

---

94. Bolton, Herbert E. Las Misiones de la Florida. Miami, Fla., 1960, p. 66

95. Lanning, J. T. The Spanish Missions of Georgia. Chapel Hill, 1935, p. 26

96. Keegan, Gregory J., y Tormo Sanz, Leandro. Experiencia misionera en la Florida (siglos XVI y XVII). Madrid, 1957, p. 81

lo describe como un hombre religioso de gran cultura y maestro sin par[97].

Resumen del gran esfuerzo civilizador de Pedro Menéndez de Avilés en la provincia de la Florida
La obra de Menéndez de Avilés

Cuando el Adelantado tuvo un control militar aceptable del territorio de la Florida, a pesar de la hostilidad demostrada por los indígenas y su conducta veleidosa y poco confiable, se enfrentó a las tareas más largas y difíciles: la colonización de la tierra y la evangelización de los naturales.

No fue sencillo reducir a los belicosos indígenas de la Florida y un buen ejemplo de esto viene dado por las maniobras de Menéndez de Avilés para convivir e incluso sacar ventaja de sus relaciones con el poderoso Cacique Carlos, jefe de los indios calusas, una de las tribus más numerosas y guerreras.

Según las capitulaciones pactadas con Su Majestad, Menéndez de Avilés debía garantizar el dominio español en una inmensa extensión que iba desde Terranova en el norte hasta los cayos del sur de la Florida, una tarea tremenda para poder realizarla con tan pocos medios. Había prometido al rey controlar las grandes zonas pesqueras de Terranova y exigir impuestos a los buques extranjeros que quisieran explotarlas. Por el sur, las poblaciones y la cadena de fuertes establecidas en la Florida protegerían el paso de las flotas de España, cargadas con las riquezas del Nuevo Mundo, por el estrecho que separa la península de la Isla de Cuba en viaje a la Madre Patria.

Menéndez pensaba que existía una doble vía fluvial que atravesaba el continente americano: una de las dos terminaba en la Nueva España, en algún sitio próximo a las minas de Guanajuato

---

97. Guerra y Sánchez, Ramiro. Historia de Cuba I, La Habana, 1927, p. 138

y Zacatecas, mientras que la otra debía atravesar el territorio del continente de este a oeste y desembocar en el Océano Pacífico. Si encontraba aquella conexión, el Adelantado podría ofrecer a España el camino para comerciar con la legendaria China. En sus planes estaba la idea de fortificar las desembocaduras de ambas vías y levantar poblaciones a lo largo de los trayectos fluviales, así como puestos misioneros fortificados, que servirían al doble propósito de extender la evangelización y proteger los nuevos dominios. La construcción de las villas de San Agustín y Santa Elena era el punto de partida de esta estrategia global[98].

Para realizar su proyecto, el Adelantado envió una expedición dirigida por Pedro de Corona a la Bahía de Santa María (Chesapeake) para establecer una avanzada, y otra comandada por el capitán Juan Pardo, cuyos resultados hemos visto, para reconocer el terreno situado al oeste de Santa Elena. Igualmente ordenó a su sobrino Pedro Menéndez Márquez en misión de exploración de la costa atlántica de Estados Unidos hasta Terranova. Por otra parte, solicitó al rey otro contacto de conquista y colonización en la zona de Pánuco, que antes había sido objeto de rozamientos entre Hernán Cortés y otros exploradores como Francisco de Garay. Allí establecería una provincia muy cerca del Virreinato de Nueva España, que sería la frontera de sus dominios y le permitiría estar cerca de las apreciadas minas[99].

Por otra parte, estableció en la Florida una cadena de establecimientos españoles fortificados comenzando por San Agustín y siguiendo por San Mateo (fuerte tomado a los hugonotes) y estableció otros fuertes en las misiones jesuitas de Tequesta (Bahía de Vizcaya), Carlos (en la Bahía del Estero o Key Mound), y en Tocobaga, a la altura de la Bahía de Tampa.

---

98. Varios Autores. Spanish pathways in Florida 1492-1992. Ann L. Henderson and Gary R. Mornino, Editors, 1992, p. 98
99. Ibídem,

Simultáneamente proyectó una ruta marítima más corta para los buques españoles que salían de Veracruz y San Cristóbal de La Habana con rumbo a España, después de descubrir el paso de Cuchiaga entre los cayos de la Florida.

Mientras desarrollaba sus exploraciones e iba sumando conocimientos aportados por los indígenas y por los franceses, a Menéndez de Avilés se le ocurrió la idea de crear un sistema fluvial de comunicaciones. Pensaba que el río St. Johns tenía su origen en el lago Okeechobee y que los ríos que desembocaban en la Bahía de Vizcaya y en el seno mejicano también procedían del gran lago. De esta forma, el Adelantado pudo llegar a concebir un sistema de canales para conectar diversos puntos de la Florida con líneas de barcazas, proyecto que fue considerado de nuevo cuatro siglos después y que contribuiría a fomentar la explotación de la provincia.

A fines de 1566, el infatigable y enérgico Menéndez de Avilés mandó una expedición "a la cala de Mosquito" y a Mayaca, en el centro de la Florida, con la idea de buscar posibles fugitivos franceses y ayudar a la pacificación de los indígenas, muchos de los cuales habían hecho amistad con los franceses durante el tiempo que ocuparon porciones del territorio[100].

Como podemos analizar, el Adelantado procedía de forma sistemática, con método, tratando de amarrar todos los cabos sueltos para consolidar, junto con el dominio de España en la nueva provincia, sus propias prerrogativas y cumplir las promesas hechas a sus deudos, familiares y amigos asturianos que lo acompañaron en la tremenda empresa.

---

100. Ibídem.

CAPÍTULO XIII

NUEVAS REALIZACIONES

Nuevos hechos de Menéndez de Avilés

De la misma época data una de las preocupaciones náuticas de Pedro Menéndez. El gran marino asturiano no era hombre de quedarse inmóvil. Su vida estaba marcada por la acción constante y por una energía indomable capaz de vencer todos los obstáculos para lograr lo que se proponía. El asunto de la navegación a Indias absorbía gran parte de su escaso y valioso tiempo libre, y lo estudiaba en toda su dimensión. Uno de los principales problemas que debía resolverse era el tiempo de la navegación de las flotas, y para resolverlo Menéndez trabajó en varias direcciones.

Es sabido que en aquella época, era relativamente sencillo para un navegante conocer la latitud en que se encontraba, pero seguía sin resolverse el problema del cálculo de la longitud (se resolvería siglos después). El Adelantado intentó aportar su grano de arena en la mejora de la estimación de la longitud con el fin de aumentar la seguridad en la navegación. Aplicó sus conocimientos y experiencia marinera inventando un instrumento del cual obtuvo un privilegio de invención y escribió una relación o método para conocer la distancia recorrida en la dirección este-oeste.

Asimismo, aprovechando su pericia en construcción naval, diseñó y construyó un buque que él mismo llamó el *Galeoncete*, que también conocieron como "galeón agalerado" el cual se considera el precedente fallido de las futuras fragatas, aunque en los astilleros de algunos países de Europa todavía lo fabricaban en el siglo XVIII .

En uno de sus periplos durante 1566, el Adelantado regresó a La Habana. Una vez en la isla se dedicó a recorrer las costas y visitar las poblaciones y fuertes. Con ello no sólo conseguía conocer personalmente las colonias, sus pobladores y sus problemas, sino que al mismo tiempo buscaba nuevas ensenadas donde podía erigir más ciudades y puertos. En la Florida, continuó atrayendo a muchos indios al cristianismo, con lo que aumentaba el número de pobladores de las colonias.

En esa época ostentaba los cargos de Adelantado de la Florida con el de Gobernador de Cuba. No obstante, como no podía estar en dos sitios a la vez, colocó capitanes suyos en Cuba para implicarse personalmente y sobre todo en la Florida, aunque se trataba de una persona con capacidad de trabajo e sorprendente y aún tuvo, por aquel año de 1571, el desvelo de colaborar en la protección de las flotas de Indias, mandando galeones a escoltar los convoyes a su paso por el peligroso mar Caribe.

Culminada esta parte de su titánica tarea, Menéndez embarcó de nuevo hacia España, donde logró conseguir nuevas ayudas, y volvió desde Sevilla en 1572. Al llegar a las colonias tuvo la agradable noticia de que las mismas empezaban a progresar, comenzaba a nacer hijos de españoles, y se realizaban nuevos matrimonios, además de que era cada vez mayor el número de indios que se cristianizaban. También recibió malas noticias, que nunca faltan, porque algunos indios rebeldes habían realizado una matanza entre los misioneros de la Compañía de Jesús. Menéndez, con un grupo de 150 hombres, salió a buscarlos y pudo atrapar ocho indios que fueron ejecutados. Finalmente, consiguió pacificar el territorio.

El Adelantado y Gobernador tenía grandes proyectos para América y trató por todos los medios de extender los territorios controlados por los españoles. Por una Cédula de 5 de marzo de 1571 se le autorizó a llevar a La Florida 100 labradores. Por otras dos Cédulas posteriores se le autorizó a conducir otros 100 de las Azores, 50 de Sevilla, 50 familias asturianas y 100 labradores portugueses. Por otra parte, envió exploradores hacia la tierra que entonces se llamaba de los Texas y la región del río Pánuco, porque pensaba en una posible conexión por tierra de la Florida con la Nueva España, así como la utilización de los ríos navegables, como el Mississippi, para extender hacia el norte los territorios españoles.

Pedro Menéndez de Avilés estaba atento a todo lo que tuviera que ver con su empresa. Así sentó las bases para la defensa de la colonia, pensó en los mejores lugares para levantar fortalezas, mandó avanzadas en todas direcciones para recorrer el territorio, estableció pactos con los caciques principales y se preocupó por evangelizarlos. Velando por la unidad del imperio, quiso conectar la colonia con la Nueva España y afianzar el vínculo con Cuba. Soñando con la seguridad de las flotas, las organizó fijando el modelo que debían seguir y estableció las premisas para su organización al tiempo que preparaba la defensa del Canal de Bahamas con sus dos polos de vigilancia y prevención en San Agustín y La Habana. Y así fue guerrero y marino, militar y constructor, evangelizador y administrador, organizador e innovador de los instrumentos de navegación.

Mientras sucedían estos hechos en América, en otro lugar muy distante del Caribe, cerca de la frontera cristiana del mundo conocido, tenía lugar la gran batalla de Lepanto en octubre de 1571, que ganó España para la Mayor Gloria de Dios y garantía de la civilización occidental.

Consejero de Indias y General en Jefe de la Flota del Norte

Un nuevo llamado del rey hace que Menéndez regrese a la Corte en 1573. Cruzó otra vez el Atlántico y se presentó en el Monasterio de

El Escorial, donde Felipe II le explicó que le necesitaba a su lado para llevar con más conocimiento los asuntos de Indias. Para ello, nombró su Consejero a Pedro Menéndez y no había asunto vinculado a las posesiones del Nuevo Mundo que el rey decidiera sin contar con la valoración y el informe de Pedro Menéndez de Avilés. El cargo de Consejero de Indias era importantísimo en España en aquella época, pues los asuntos de Indias eran prioritarios y el rey despachaba habitualmente con los consejeros de Estado, de Guerra y de Indias.

Durante este tiempo concibió extender aún más la colonización: organizó que se embarcase en Bayona a labradores, carpinteros y canteros; ambicionaba levantar un palacio en la Florida cuando el rey le dejase en libertad y pudiese regresar allí porque, decía,

> después de la salvación de mi alma, no hay cosa en este mundo que más desee que verme en La Florida, para acabar mis días salvando almas[101]

Cómo Menéndez de Avilés organizó las Flotas de Indias: el famoso Memorial a Felipe II

La frecuencia con que piratas y corsarios de Francia e Inglaterra asaltaban la extensa línea de comunicación marítima entre España y sus colonias, prácticamente directa entre la península y La Habana y con múltiples ramificaciones desde esta ciudad a los diferentes destinos americanos, tuvieron por consecuencia que los buques españoles hicieran el gran viaje formando grandes agrupaciones, puesto que

> la larga travesía, las tormentas y sobre todo, el corsarismo, evidenciaron que los barcos sueltos y los pequeños convoyes eran víctimas fáciles. Navegando en conserva se minimizaban considerablemente

---

101. Cf. Cárdenas y Cano, Gabriel. Ensayo Cronológico para la Historia General de la Florida. T. VIII, Madrid, 1826

los posibles daños. Obviamente, también tenía sus inconvenientes, aunque menores. El más importante de todos, las interminables esperas tanto en puerto, como en la mar, pues como escribía Pedro de Medina en 1573, aunque tengan las mismas velas, e incluso menos velamen, unos navíos "andan más que otros"[102]

Durante la primera mitad del siglo XVI, la experiencia aconsejó utilizar la navegación "en conserva"[103], originalmente concebida para su utilización en tiempos de guerra y que la actividad de piratas y corsarios convirtió en práctica constante. La primera gran flota recogida en las crónicas zarpó en 1522 y estaba integrada por ocho mercantes y dos naves de guerra. Posteriormente se continuó en 1537, 1540, 1543, 1545, formando agrupaciones con cantidades variables de mercantes y buques de protección, y por muchos años llegó a ser un mandato de la experiencia que no obedecía a regulaciones civiles, marítimas, militares o mercantiles, aunque en agosto de 1543 se logró una legislación por la cual

> Mientras durase la guerra con Francia, todos los barcos que fuesen a las Indias lo debían hacer en alguna de las dos flotas anuales que se despacharían, una en marzo y otra en septiembre. Los convoyes debían estar formados al menos por diez bajeles, que tuvieran un porte mínimo de cien toneladas cada uno[104]

---

102. Medina, Pedro de. Regimiento de Navegación. Instituto de España, Madrid, 1964, p. 123

103. La denominada "navegación en conserva" de España a América, o sea, a las colonias de Indias y viceversa fue establecida durante el reinado de Carlos I y tenía como objetivo proteger a los barcos mercantes de los piratas y corsarios. La "navegación en conserva" consistía en armar convoyes de barcos mercantes acompañados por naves de la armada española.

104. Archivo General de Indias (AGI). Indiferente, 1963, L. 8, fols. 275r.-277v. Real Cédula a los Oficiales de la Casa de Contratación de Sevilla, dada en Valladolid el 23 de octubre de 1543.

Sin embargo, era preciso definir muchísimos aspectos sobre la formación y estructura de las flotas, y mientras esto no ocurrió, estas agrupaciones se caracterizaron por la improvisación de acuerdo con las circunstancias y numerosos intereses. En 1543 y 1544, unas ordenanzas al respecto sólo mencionaban

La ocurrencia casual de un número determinado de buques mercantes, que salgan unidos y naveguen juntos a arbitrio de los capitanes de cada uno, y sin subordinación de todos a uno, ni formar cuerpo y armada o escuadra[105].

Por otra parte, hubo mucha flexibilidad y cierta manga ancha con aquellos dueños de embarcaciones mercantes que reunían los requisitos establecidos en las ordenanzas pero querían viajar por su cuenta sin la obligación de incorporarse a la flota, ya que la salida de la misma dos veces al año limitaba la cantidad de viajes y como es natural, las utilidades. Por ello, la práctica de la navegación en solitario llegó a alcanzar cierta extensión por consejo del capitán Diego López de Rodas, partidario de que no se formaran convoyes. Pero esta moda no duró mucho y un año después se restablecieron las flotas, aunque sólo mientras durase la guerra contra Francia[106].

Hubo que esperar a 1561, porque entre este año y 1564, en que se legisló de forma definitiva sobre la formación de las flotas, y por esta causa los años anteriores quedaron marcados por la improvisación aunque aparecieron varios memoriales en los que se proponía la creación de un único sistema que recogiera el caudal de experiencias sobre el tema. Realmente había que hacerlo, porque piratas, corsarios y filibusteros incrementaban sus acciones en la medida en que

---

105. García-Baquero González, A. La Carrera de Indias: suma de la contratación y océano de negocios. Algaida, Sevilla, 1992, pp. 89-90
106. Haring, C.H. Comercio y Navegación entre España y las Indias. Fondo de Cultura Económica, México, 1979, p. 251

aumentaban el tráfico y el comercio entre España y sus colonias, y esto incrementaba la urgencia de encontrar una solución que ya buscaban, desde varios años atrás, los marinos más expertos y famosos de España.

Tratando de obtener el monopolio de la navegación con los Reinos de Indias para algunos asentistas, entre los cuales él mismo sería el primero, el famoso Almirante Álvaro de Bazán[107] presentó cuatro proyectos en sólo dos años, entre 1548 y 1549. Según su proyecto,

> Viajarían tres flotas anuales protegidas cada una de ellas por un galeón y dos galeazas, propiedad del asentista. Pese a que la Corona accedió y firmó el correspondiente asiento el 14 de febrero de 1550, nunca llegó a ponerse en práctica por la oposición del Consejo de Indias y sobre todo, del Consulado sevillano[108].

Álvaro de Bazán no era el único que se ocupaba del asunto. Por aquellos tiempos, varios renombrados hombres de mar, como el Almirante Andrea Doria (Andrea d´Oria, genovés al servicio de España), y Bernardino de Mendoza, meditaron sobre el asunto y pusieron por escrito sus reflexiones. Bazán y Doria se limitaron a presentar las fallas del sistema vigente, pero Bernardino de Mendoza fue más lejos y redactó a fines de 1548 un rotundo memorial en el que defendía el sistema de flotas y la navegación en conserva como el único que

---

107. Álvaro de Bazán, llamado "El Viejo" (1506 – 1558), fue un marino español, de ascendencia navarra, que alcanzó el grado de Almirante de Castilla. Padre de Álvaro de Bazán, primer Marqués de Santa Cruz de Mudela, que superó en fama a su progenitor. También fue padre de Alonso de Bazán, asimismo un marino ilustre del siglo XVI y de Joan Bazán, militar que murió durante la conquistas del peñón de Vélez. Fue el I Señor del Viso, y II Señor de Finelas y Gerafe, comendador de Castroverde, OStg, capitán general de las Galeras de España, de rama segundogénita de los señores del valle del Baztán, en Navarra, vizcondes de los Palacios de la Valduerna.
108. Cf. Mira Caballos, Esteban. Controversias sobre el sistema naval con América a mediados del siglo XVI: los proyectos de Álvaro de Bazán". Iberoamericana No. 7, Berlín, 2002, pp. 39-57; todo este asunto.

podía resolver el problema de viajar desde y hacia las Indias, prescribiendo, entre otras cosas, que

> ningún buque debía tomar parte en el comercio ultramarino fuera de las Flotas de la Carrera de Indias que serían tres: una en enero, otra en mayo, y la última en septiembre. En cada una de esas flotas debería ir una nave "capitana", regida por una persona hábil y de experiencia probada, "para que recoja y lleve juntas las dichas naves hasta donde se han de partir para seguir sus derrotas"[109].

A la larga, tantas críticas y observaciones que venían de personajes de gran prestigio, no podían pasar inadvertidas. La navegación en conserva, o sea, las flotas, acabaron por imponerse en la navegación entre España y las Indias y no se permitía que ningún buque solitario emprendiese la azarosa travesía. Y las disposiciones al respecto fueron tan rígidas que el Emperador en persona tuvo que autorizar la partida de cuatro naos que debían viajar a Cabo Verde para recoger esclavos, porque

> no se les dejaba salir de Sanlúcar, pese a que no se había dado ninguna "nueva de corsarios"[110]

En su época, los Reyes Católicos ya habían pensado en el asunto y a la altura de 1555 trazaron un plan ambicioso que se basaba en flotas formadas por diez navíos que hicieran el viaje de forma mensual o bimensual[111]. Pero esta idea no pudo marchar adelante, y la causa fundamental porque en esos momentos parecía un imposible enviar

---

109. Cf. Mira Caballos, Esteban. Hacia la configuración del sistema de flotas: el proyecto de Bernardino de Mendoza (1548). Revista de Historia Naval No. 81, Madrid, 2003, pp. 7-20.
110. Archivo General de Indias (AGI). Indiferente 2673. Real Cédula a los Oficiales de la Casa de Contratación dada en Valladolid a 14 de enero de 1555.
111. Cf. Schafer, E. El Consejo Real y Supremo de las Indias. Junta de Castilla y León, Salamanca, 2003, tomo II, p. 323, todo este asunto.

periódicamente, cada dos meses, la Flota de Indias desde el Nuevo Mundo hasta España.

¿Cómo se originó entonces el sistema de Flotas que se mantuvo vigente por tgres siglos? Dice Manuel Lucena que la Flota de Indias, también conocida como la "Flota del Tesoro Español", "La Española", o la "Flota del Oro", era el mecanismo de funcionamiento del monopolio comercial español con América y constituyó la esencia de la denominada Carrera de Indias, que englobaba todo el comercio y la navegación entre España y sus colonias.

Haciendo un poco de historia, durante los siglos XVI a XVIII, las flotas de la Carrera de Indias llevaban las riquezas de los virreinatos españoles en América a la Corona de Castilla. Los productos transportados eran plata, oro, gemas, especias, cacao y otros. Los galeones salían de la ciudad de Veracruz, en el Golfo de México, y llegaban a Sevilla por el Guadalquivir, y tiempo más tarde, a Cádiz.

La Flota de Indias tenía un equivalente para el comercio entre el Virreinato de Nueva España (el actual México) y Filipinas, conocido como el galeón de Manila, que se usaba para intercambiar bienes obtenidos en la China por plata mexicana, a través del puerto de Acapulco. De allí se trasladaba a Veracruz utilizando el transporte terrestre.

Desde el mismo descubrimiento de América, los barcos españoles llevaban riquezas de vuelta a España. En la década de 1520, y debido al incremento de la piratería inglesa y francesa, se decidió organizar un sistema de flotas, como ya hemos visto, para aumentar la seguridad del transporte. La idea era establecer dos flotas distintas, ambas compuestas por galeones fuertemente armados con cañones y barcos mercantes entre los que figuraban numerosas carracas[112], para llevar

---

112. Carraca: navíos de vela redonda de alto bordo especializados en el transporte de grandes cargas en travesías largas. Hubo carracas desde el siglo XII hasta el siglo XVI. Fueron los mayores buques europeos de su época.

la carga. Las dos flotas salían cada año de Sevilla, y a partir de 1717 comenzaron a zapar de Cádiz. Una de ellas se dirigía a Veracruz y la otra a América del Sur concretamente a Cartagena de Indias, en la actual Colombia, y Nombre de Dios y Portobelo, en esta época Panamá. Tras completar la descarga de sus productos al comienzo sólo manufacturados, pero después también esclavos, las flotas se reunían en San Cristóbal de La Habana, en la isla de Cuba, para el viaje de vuelta.

El comercio con las colonias españolas estaba fuertemente controlado. Por ley, las colonias españolas sólo podían comerciar con un puerto en España, puesto que Sevilla mantuvo el monopolio hasta 1717, cuando la Casa de la Contratación pasó a Cádiz. Los ingleses, holandeses y franceses trataron de romper el monopolio, pero este duró durante más de dos siglos. Gracias al monopolio, España se convirtió en el país más rico de Europa. Esta riqueza permitió sufragar sobre todo las guerras contra los protestantes del centro y norte de Europa. También causó una enorme inflación en el siglo XVI, lo que prácticamente destruyó la economía española.

Junto a los envíos de particulares criollos o españoles residentes en el Nuevo Mundo, la flota llevaba el "quinto real", un impuesto del 20 por ciento en los metales preciosos y los envíos de particulares. Diversos descubrimientos arqueológicos sugieren que la cantidad de metales realmente transportados era mucho mayor que la declarada en los documentos que conserva el Archivo de Indias: los mercaderes recurrían al contrabando y a la corrupción para evitar pagar dicho quinto.

En el siglo XVII, el sistema económico establecido empezó a declinar por diversos motivos. Primero, por tormentas como las de 1622, con catástrofes y elevadas pérdidas como las causadas por el naufragio del Nuestra Señora de Atocha, cargado de tesoros, y otras pérdidas en 1715 y 1733 por huracanes en el Caribe. Segundo, por los piratas, ya fueran establecidos como tales con patentes de corso, o barcos militares de potencias extranjeras. Tercero, por la caída en la producción de metales preciosos en América. Las flotas pasaron de 17 barcos en 1550, a 100, y de mayor tamaño, a finales del siglo XVI. Pero a mediados del XVII constaban de unos 25 barcos, y continuaron disminuyendo en tamaño con el paso del tiempo.

Por otra parte, la amenaza de las potencias coloniales rivales aumentó cuando estas pudieron establecer algunas bases en el Caribe. Inglaterra ocupó San Cristóbal y Nieves en 1624, y Holanda Curazao en 1634. La flota de 1628 fue capturada por el holandés Piet Hein (Pata de Palo) en la batalla de la Bahía de Matanzas, durante la guerra de Flandes, y las de 1656 y 1657 fueron capturadas por los ingleses Richard Stayner y Robert Blake durante la guerra anglo-española. La de 1702 fue destruida durante la Batalla de Rande.

Las capturas de las flotas causaron una enorme repercusión económica en España. Debilitada por las continuas guerras, en particular por la guerra de los Treinta Años, y sufriendo una enorme crisis económica, España comenzó a padecer numerosos ataques a sus colonias a mediados del siglo XVII. En 1739, durante la llamada Guerra del Asiento, el Almirante inglés Edward Vernon atacó Portobelo, en Panamá, y posteriormente lo intentó en Cartagena de Indias, al mando de 186 buques, siendo derrotado por Blas de Lezo y sufriendo Inglaterra su más terrible derrota en los mares. No fue la única, porque un intento de invadir la zona oriental de la Isla de Cuba en 1741 fue rechazado por los batallones de milicias y Vernon se retiró con más de 3.000 muertos, muchos de ellos a consecuencia de la fiebre amarilla y las enfermedades tropicales. En 1762, durante la guerra de los Siete Años, los ingleses ocuparon La Habana y Manila, impidiendo el paso de la flota.

La última Flota de Indias zarpó en 1776. En la década de 1780, España abrió las colonias al mercado libre. En más de 250 años de flota, las pérdidas por ataques fueron mínimas. Puede calificarse así a la Flota de Indias como una de las operaciones navales más exitosas de la historia. De hecho, en los 300 años de existencia de la Flota de Indias solo dos convoys fueron hundidos o apresados por los ingleses y otro por los holandeses[113].

Pero regresemos a 1555. De los proyectos primitivos para establecer las Flotas, basados en la "navegación en conserva", hasta el concepto final que se implantó definitivamente en el Sistema de Flotas en 1561, hay una gran distancia. Fue en ese año que comenzó a funcionar el Sistema de Flotas sobre la base de una organización que duró más de dos siglos. Nadie ignora que en este último año, ya estaba perfectamente constituido el sistema de dos flotas anuales, una que partiría en enero, y otra que lo haría en el mes de agosto[114]. En ambos casos, la expedición llegaría unida hasta las Antillas y, a la altura de Puerto Rico, se dividiría en dos, una con destino a Nueva España, y la otra, a Tierra Firme. Posteriormente, el 18 de octubre de 1564, se introdujeron varias modificaciones de consideración: la primera flota no partiría en enero sino en abril, y además, no habría partición, pues estaría integrada exclusivamente por los buques que se dirigían a Veracruz, Honduras y las islas antillanas. En cuanto a la segunda, mantendría su fecha de salida en el mes de agosto y estaría formada por las embarcaciones que se dirigían a Panamá, Cartagena, Santa Marta y "otros puertos de la costa norte"[115]. Esta modificación se hizo

---

113. Cf. García-Baquero González A., La Carrera de Indias. Salamanca, 1992; Lucena Salmoral M., La Flota de Indias. Cuadernos de Historia 16. Barcelona, 1985; Mira Caballos, E., Las Armadas Imperiales. La guerra en el mar en tiempos de Carlos V y de Felipe II. La Esfera de los Libros, 2005; Pérez Turrado, G., Armadas españolas de Indias. Mapfre, Madrid, 1992.
114. Archivo General de Indias (AGI). Indiferente 1966, t. 14, fols. 35v-37v.
115. Real Cédula dada en Aranjuez el 18 de octubre de 1564. Ver: Encinas, D. Calendario Indiano. Ediciones de Cultura Hispánica, Madrid, 1945, t. IV, pp. 127-130.

siguiendo los consejos del Consulado de Sevilla, de la Casa de Contratación, así como de un destacado grupo de pilotos y maestres[116].

Lo anterior quiere decir que en el año 1555 no estaba claro el sistema de navegación que debía aprobarse para el buen éxito de algo tan de vital importancia como la Flota de la Carrera de Indias, y en 1564, ya habían desaparecido las indefiniciones y se había establecido un modelo bien legislado, con estructura y organización definidas hasta los menores detalles. ¿Quién diseñó y perfeccionó este modelo? Resulta que fue nuestro ilustre biografiado, Don Pedro Menéndez de Avilés, de acuerdo con una prueba irrefutable: el memorial que él escribió y firmó en 1556, cuyos principios se adoptaron el 16 de julio de 1561 y rigieron desde entonces.

---

116. Archivo General de Indias (AGI). Indiferente, 2005. Existe un primer documento fechado el 19 de enero de 1564 en el que se solicitan los cambios mencionados, entre ellos, que una de las Flotas viaje a Nueva España y la otra, a Tierra Firme. Tiempo después, en febrero de 1564, un grupo de maestres y pilotos, encabezados por Juan Rodríguez Noriega, redactaron un segundo memorial que fue el definitivo, bajo el título "Juan Rodríguez Noriega, maestre y capitán de seis navíos por sí y en nombre de los demás maestres y pilotos de la carrera y navegación de Indias, pareced ante Vuestra Alteza y besa vuestras reales manos y hace presentación de este memorial, hecho con acuerdo de los dichos maestres y pilotos, estando en su congregación y cabildo".

CAPÍTULO XIV

EL MEMORIAL PARA ORGANIZAR LA FLOTA DE INDIAS

El Memorial de Pedro Menéndez de Avilés en 1556

Como ya sabemos, el Sistema de Flotas y la navegación en conserva tenía muchos años de existencia, y lo que hizo Pedro Menéndez de Avilés fue mejorarlo a partir de sus propias experiencias y los conocimientos adquiridos sobre el funcionamiento de estas grandes agrupaciones de buques durante los años anteriores a 1556. Su gran mérito reside en el hecho de que el expertísimo marino pudo detallar por escrito, sistematizar, precisar, introducir aspectos novedosos, estructurar y confirmar un modelo de agrupación naval que sirvió de base para legislar el Sistema de Flotas de la Carrera de Indias entre 1561 y 1564.

Este memorial fue construido a partir de un postulado que le servía de base: dadas las condiciones imperantes, lo largo de la travesía y el constante riesgo que representaban los aventureros del mar, sólo las grandes agrupaciones de buques, o sea, un Sistema de Flotas, podía ser un sistema viable para garantizar las comunicaciones y el flujo comercial entre España y sus colonias de Indias. Con este criterio, el gran marino explicaba

que el hecho de que los buques viajasen "de dos en dos y de tres en tres" era muy perjudicial, por dos motivos: primero, porque ante tan fáciles presas siempre habría corsarios que los acometiesen. Y segundo, porque en caso de zozobra, no habría "quien los socorriese". Este modelo debía aplicarse de forma permanente, independientemente de que hubiera o no guerra con Francia. Y hasta este punto, el Memorial no presenta ninguna novedad, porque Bernardino de Mendoza en 1548 hizo apreciaciones muy similares[117]

El mayor debate en esa época giraba en torno a los viajes de buques que realizaran la travesía por sí mismos y sin pertenecer a un convoy, la cantidad de embarcaciones que debía figurar en una Flota, y en el número de los convoyes que debían zarpar cada año. ¿Cuántas flotas viajarían? ¿Serían dos, tres, seis o doce flotas anualmente? Vamos por partes. Menéndez no se preocupó demasiado por la cantidad de embarcaciones que debía formar parte de una Flota, porque podía variar de acuerdo con las circunstancias. Pero en el Memorial de 1556 insiste y expresa de forma tajante

que ningún buque debía navegar fuera de la conserva. Y en esto no podían permitirse excepciones porque "desordenarían" el tráfico. De manera que, aunque a los pocos días de partir la flota, estuviese preparado algún navío, no se debía autorizar su partida. Además, sabiendo todos los maestres y armadores que no se consentirían excepciones, todos estarían preparados al tiempo de salir las flotas[118]

Menéndez de Avilés señaló que la primera flota debía hacer el viaje una vez comenzado el mes de abril, y la otra a principios de octubre, de forma que su concepción difería de las fechas aprobadas en 1553 (enero y septiembre) y de las que se estipularon en 1561 (enero y agosto). Finalmente, las fechas que se adoptaron en 1564 para la salida de las flotas, abril y agosto se asemejaban a las propuestas por el

---

117. Mira Caballos, Esteban. Hacia la configuración del Sistema de Flotas... o.c., p. 14
118. Mira Caballos, Esteban. Pedro Menéndez de Avilés diseñó el modelo de flotas de la Carrera de indias. Revista de historia naval, Año n° 24, N° 94, 2006 , págs. 7-24

Adelantado, denotando la semejanza entre su proyecto y la decisión final adoptada.

En el proyecto del asturiano ya se titulaban las flotas con los nombres que prevalecieron durante casi toda la Edad Moderna: la de Nueva España y la de Tierra Firme, y que ya se utilizaban desde 1540 aproximadamente. Pero a partir de la ley de 1561, no se diferenciarían las flotas de Nueva España y Tierra Firme, porque toda la Flota viajaría hasta San Cristóbal de La Habana, y después de ultimados lo detalles de la travesía final, una viajaría hasta la Nueva España y la otra a Tierra Firme. Cuidando de todos los aspectos, Menéndez de Avilés especificó en detalle los empleos que debían tener los oficiales a bordo, a saber

ocho gentiles hombres y seis alabarderos y cuatro trompetas, un alférez, un sargento, un alguacil real, un clérigo, un cirujano, un pífano y un atambor, que es todo veinticinco personas,

y destaca la importancia del pífano y el atambor,

porque las trompetas excusan mucha pólvora[119].

Un titulado Capitán General sería el jefe supremo de la Flota, estaría nombrado

Por el tiempo que Su Majestad fuere servido[120],

y viajaría en la nave capitana gozando para el ejercicio del cargo de amplísimos poderes y facultades prácticamente omnímodas. Una de las obligaciones relacionadas para el Capitán General era la visita c inspección de las naves integrantes de la flota antes de comenzar el viaje, acompañado por el escribano que debía levantar acta, y verificar en cada nave

---

119. Ibídem.
120. Ibídem,

las fuerzas y reparo y aparejos, gente y artillería y municiones que ha menester para el viaje[121].

Según el texto del Memorial, hasta ese momento habían tenido lugar hechos lamentables, porque según el uso anterior, cuando tenía lugar el viaje de regreso, los maestres actuaban impunemente porque el Capitán General ya no tenía poder de decisión y por eso actuaban a veces de forma *"atrevida y desvergonzada[122]"*

También había disposiciones para el enjuiciamiento del Capitán General a cargo de la flota, en caso de que cometiera algún delito, pidiendo

> que en caso de proceso contra el Capitán General, no tuviesen competencia los jueces de la Casa de Contratación, que debían limitarse a informar al Consejo de Indias para que éste instruyese y fallase el caso[123],

y evitar de esta forma que surgieran diferencias entre los funcionarios de la Casa de Contratación y los cónsules, armadores y maestres sevillanos[124].

Continuaba explicando en el Memorial otros aspectos:

> El segundo de a bordo sería el Almirante, que viajaría en otro navío —la almiranta—, y que, una vez dividida la flota, se pondría al frente de una de ellas hasta su reunificación de nuevo en La Habana para emprender el viaje de regreso.
>
> Como se suponía que los navíos irían bien armados y pertrechados, en tiempos de paz no haría falta armada de custodia. Sin embargo, en caso de guerra, sí se estimaba necesario que, junto a la flota, viajase una pequeña escuadra ofensiva. Sin citarla expresamente, se

---

121. Ibídem,
122. Ibídem,
123. Ibídem,
124. Ibídem,

estaba refiriendo a la célebre Armada de la Guardia de la Carrera de Indias que tanto protagonismo tuvo en la protección de los convoyes, y que el mismo Menéndez de Avilés capitaneó en 1556, 1557 y 1570[125].

Además de los aspectos anteriores, había que examinar la navegación entre Europa y América en todas sus dimensiones. Para la travesía desde España hasta los Reinos de Indias, se debían utilizar

Los mejores navíos que navegan por la mar[126].

Pero no sucedía así en la práctica. Los maestres, cuando llegaba el momento de zarpar, escogían y fletaban los barcos más viejos y maltrechos. Ocurre que muchos barcos perdían condiciones por estar durante largos períodos de ocio anclados en los puertos. No se trataba de un problema que comenzara en esos tiempos, porque ya en 1534 las Ordenanzas de Navegación consignaban

que los buques que se vendían en Sevilla eran viejos "porque hay grandes compradores y grandes precios y no se ven los daños que llevan"[127].

Catorce años después, Bernardino de Mendoza confirmaba todo lo anterior al afirmar que los barcos de la Carrera de Indias estaban

flacos y mal acondicionados[128].

Muchos factores se unían para desembocar en el hecho de que muchos de los buques destinados a la navegación transoceánica fue-

---

125. Mira Caballos, Esteban. Las armadas imperiales: la guerra en el mar en tiempos de Carlos I y Felipe II. La Esfera de los Libros, Madrid, 2005
126. Mira Caballos, Esteban. Memorial de Menéndez de Avilés. En: Revista de Historia Naval, Instituto Naval de España, t. III
127. Archivo General de Indias (AGI). Indiferente, 1961, t. 3, fols. 164v-168r. Ordenanzas de Navegación dadas en Palencia en 28.IX.1534
128. Mira Caballos, Esteban. Hacia la configuración del sistema de flotas... o.c., pág. 15

ran demasiad viejos y maltrechos. Uno de ellos respondía al temor de que los barcos se dañaran o llegaran a perderse, otro tenía por motivo la gran demanda de barcos para las flotas. Menéndez de Avilés, con su gran experiencia, afirmó que para subsanar todo esto

> se debía prohibir la visita de navíos que llevasen más de tres años en la Carrera de Indias, o que superasen las 400 toneladas porque "son peligrosos para el río, por haber en él muchos bancos[129].

No llegó a tener solución este fenómeno. Doce años después del Memorial de Pedro Menéndez, Juan Melgareño volvió a alertar sobre las atucias y engaños que realizaban los maestres, movidos por la codicia, de manera que

> por llevar de más toneladas de mercancías y hacerlas de más porte que ellas son, les hacen obras de carpintería (a los barcos) y las alzan y hacen cubiertas y puentes y toldos, y otras obras muy dañosas, apartándose de su compás queriendo hacer sobre navíos pequeños gran volumen, de que las naos vienen a ser tormentosas y no marineras[130]

La crisis de los astilleros españoles alcanzó grandes proporciones en esos tiempos y por muchísimos años, España tuvo que seguir fletando los barcos que estuvieran disponibles

> sin mirar demasiado ni su estado, ni su arqueo[131].

De todas maneras, el Adelantado no cesó en sus intentos para perfeccionar el Sistema de Flotas desde todos los puntos de vista. No sólo acusó a los maestres y armadores que por su codicia y ambición fletaban buques maltrechos y antiguos, sino los arbitrios de que se valían

---

129. Ibídem.
130. Cf. Mira Caballos, Esteban. Las armadas imperiales… o.c.
131. Ibídem (128)

para conseguir mayor capacidad de carga a costa de la velocidad y buena maniobra de las naves, puesto que

> solían hacer reformas en los cascos para que cupiesen más mercancías, acrecentando su capacidad hasta en "un tercio"[132]

ya que esto no podía hacerse sin afectar en gran medida la estabilidad, la capacidad de maniobra y la seguridad de los buques, que se volvían muy lentos, por lo que el viaje del Nuevo Mundo a España podía demorar más de un mes, se inutilizaba hasta cierto grado la artillería, y por si todo esto fuera poco,

> eran muy malos marineros al tiempo de la tormenta[133].

Pero sigamos con el Adelantado, que también mencionó un fraude que se cometía con las embarcaciones de las flotas, esta vez el de los seguros. Según su informe, en muchos casos los maestres y armadores aseguraban las naos de tal forma que no les importaba perderlas. En este orden de cosas, Menéndez reivindicaba que se dejasen de asegurar los navíos y en este punto, *para salvar sus haciendas,* los maestres se dedicarían a aprestar buenos navíos,

> capaces de sufrir toda tormenta y con buenos marineros y buena artillería, porque si así se ordenase, en veinte años los españoles serían en el mar los mejores guerreros del mundo, y los corsarios quedarían disuadidos de venir a robar nuestros mares[134]

En otro punto habló del dolo con que se realizaba la contratación de marineros, lo que era fuente de incontables problemas porque no sólo era importante que buenos pilotos se hicieran cargo de las naves, ya que si bien era de ellos la mayor responsabilidad del viaje y la

---

132. Ibídem.
133. Ibídem.
134. Ibídem

protección de las travesías, también había que contar con suficientes y diestros marineros para garantizar que los barcos maniobraran oportuna y eficientemente. Al hablar del tema, el Adelantado denunciaba que se contrataban muchos marineros extranjeros y que los maestres alegaban que no podían contratar suficiente número de españoles, pero en realidad maestres y pilotos hacían pasar pasajeros como marineros para quedarse con el salario de éstos, y todo esto perjudicaba el buen funcionamiento de naves y flotas. Comentaba Menéndez que

los barcos no sólo iban sobrecargados, sino deficiente e insuficientemente tripulados, y pide que se busque siempre a marineros españoles, y que, si no los hubiere, se incluyan a soldados, pues, llegados al caso de presentar combate, "vale un español de estos por dos extranjeros y por tres".

Para el asturiano no había mejor defensa contra los franceses y las tormentas que los tripulantes fuesen "naturales de honra y de hecho", a ser posible "hijosdalgos". Con respecto al fraude de hacer pasar pasajeros por marineros pide que se actúe con mano dura, confiscándole sus bienes, y desterrándolos a galeras a perpetuidad[135].

En estas circunstancias, siendo muy corta la paga de los marineros y muy pocos los candidatos que pudieran satisfacer la demanda de la Carrera de Indias, la solución del tema parecía complicada, de manera que en el Memorial redactado por Juan Melgarejo se volvió a mencionar este problema, con razonamientos similares[136]. Por esta causa no fue extraño que en el siglo XVI se abusara de

---

135. Ibídem.
136. El Memorial de Melgarejo dice así: "que las justicias de las Indias no hacen diligencia con los pasajeros que van sin licencia, soldados y marineros que se huyen y se quedan en las Indias para que los vuelvan presos a Castilla, antes les favorecen y consienten estar en las Indias de cuya causa han pasado tantos pasajeros sin licencia de Su Majestad, y hay tantos extranjeros en las Indias de donde han sucedido tantos daños". Mira Caballos, Esteban. Las armadas imperiales... o.c., pp. 217-224

la utilización de marineros extranjeros que no siempre estaban bien preparados, por lo que se decía de ellos, utilizando una expresión de la época, que no sabían "marinear los barcos". Así, encontramos desde grumetes y pajes negros, por falta de españoles, así como numerosos portugueses. Estos últimos al menos tenían fama de ser experimentados marineros[137].

Menéndez también colocó otro problema sobre el tapete: el hecho de que los portugueses comerciaran libremente con las colonias españolas de Indias. Existía buen acuerdo y alianza entre España y Portugal en el siglo XVI, centuria en la que los puertos portugueses servían usualmente de resguardo a los barcos de la Carrera de Indias y sobre todo, a los que llegaban a la península con grandes cargas de oro y plata, por lo que las islas Azores se convirtieron en escala prácticamente obligada para las Flotas de Indias. Paradójicamente, Menéndez de Avilés no daba gran importancia al menoscabo económico que esto podía representar para las arcas reales, sino lo perjudicial que podía ser para la navegación, afirmando que

al ir los navíos lusos (portugueses) fuera de la conserva, eran fácil presa para los corsarios... y eran muchos los bandidos que se animaban a proseguir sus ataques a los navíos de la Carrera de Indias[138].

Para concluir el examen del Memorial escrito por el Adelantado Pedro Menéndez de Avilés para organizar las Flotas, se puede afirmar que este documento, cuyo original se encuentra en el Archivo General de Simancas, es de especial interés e importancia cuando se investiga la obra de este gran hombre, y es una prueba más de su dedicación y lealtad a la Corona, a la que dedicó no sólo sus talentos de marino, guerrero, constructor de ciudades y fortalezas,

---

137. Ibídem
138. Ibídem.

colonizador y evangelizador y conquistador, sino su estudio personal de la navegación hacia y desde las Indias, así como la reflexión sobre todo aquello que pudiera redundar en el mejor servicio de Dios, de España y del Rey.

El Memorial es de gran ayuda para tener una visión panorámica de la navegación, que entonces era un asunto de vital relevancia para España, y sobre todo porque en este documento se encuentra concienzudamente detallado el asunto, presentándolo de la forma más comprensible, y que fue este el sistema que finalmente se impuso de forma oficial a partir de 1561.

Menéndez de Avilés, entonces, fue el creador del sistema de dos Flotas anuales que fue regulado entre 1561 y 1564, a pesar de las reformas posteriores que se insertaron en 1564 por gestión del Consulado, la Casa de Contratación y cierto número de pilotos y maestres encabezados por Juan Rodríguez de Noriega, y sitúa de Pedro Menéndez, por derecho propio y no discutible, entre los grandes hombres del mar de la España del siglo XVI.

Un invento trascendental. El diestro marino es designado Capitán General de la Flota de Flandes.

Sin embargo, la decisión del rey de tener al lado al de Avilés iba más lejos. Día tras día, iba creciendo la fama de Pedro Menéndez de Avilés como marino expertísimo. Uno de los reconocimientos mayores que tuvo en ese sentido fue la Real Cédula firmada en El Pardo el 17 de febrero de 1573, por la que Su Majestad Felipe II le otorgó todos los derechos sobre la fabricación del instrumento capaz de medir la longitud este-oeste. Con este aporte el gran marino resolvió el problema del cálculo de la longitud, que hasta entonces sólo podía obtenerse de forma muy gruesa e imprecisa con los aparatos primitivos llamados bolinas o correderas, y se afirmó su erudición en todas las artes de navegar.

Un nuevo barco: el galeoncete de Pedro Menéndez de Avilés

Atendiendo a las particularidades de la navegación en las Antillas, Pedro Menéndez de Avilés concibió la idea de fabricar un nuevo tipo de embarcación, capaz de llevar grandes volúmenes de carga sin perder velocidad ni capacidad de maniobra, y así surgió la idea del galeoncete, un barco que no superaría las 370 toneladas pero sería capaz de desarrollar una velocidad superior a la de los pesados galeones.

Pedro Menéndez de Avilés

> fue el primero que ideó alargar la quilla con relación á la manga, construyendo en la isla de Cuba unos que llamó galeoncetes, que resultaron muy veleros. Barros y los Bazanes sostuvieron el principio, que no dejaba de tener opositores en los maestros antiguos, por estimar que navío no ajustado a la fórmula de as, dos y tres, tendría necesariamente poca estabilidad. Como la práctica desvaneció sus temores, mandó el Rey construir en Vizcaya ocho de tales galeoncetes, y al disponerse la armada de Santander ofreció el autor construir 20 bajeles en 40 días, de forma que tuvieran 14 bancos con dos hombres por remo; dos cañones á proa de á 30 quintales; cuatro versos dobles de á cinco quintales en los costados; 60 hombres de tripulación, armados de arcabuces de á dos onzas de bala, y con todo se manejarían en la mar, a remo y vela, mejor que galeras[139]

Sobre este invento tan original para la época, se afirma que Menéndez de Avilés, empeñado en el esfuerzo de mejorar la Armada española, creó, a partir del galeón, el galeoncete, de quilla más larga y más estrecha que su modelo. Resultó muy provechosa la innovación y pese al rechazo que de la nave nueva hicieron los armadores más tradicionalistas de la Península, el rey Felipe II mandó a construir, en la bahía de Vizcaya, diez de esos barcos del tipo cubano porque «eran

---

139. Revista de Historia Naval, tomo III, p. 184 Instituto de Historia Naval, Armada Española, Ministerio de Defensa.

muy buenos veleros» y demostraban su adaptabilidad a la navegación. Pronto el galeoncete se fabricó en otras naciones de Europa.
Seis de ellos se armaron en La Habana en 1590, cuando se establecieron fundiciones para fabricar artillería, y otros seis se construyeron
al año siguiente. En los astilleros de Suecia se construían galeoncetes
250 años después de haber sido creada esta nave por el genial Adelantado de la Florida.

CAPÍTULO XV

LOS ÚLTIMOS DÍAS

El 10 de febrero de 1574, Pedro Menéndez fue nombrado Capitán General de la flota que estaba preparándose en secreto para ayudar a Luis de Requesens, gobernador de los Países Bajos, a sofocar una rebelión en Flandes y controlar el Canal de la Mancha. El proyecto del que se responsabilizó al de Avilés era tan grande y formidable que Menéndez sospechó que las cosas iban más allá de sofocar una revuelta en los Países Bajos.

Estaba en lo cierto: esa flota, según planeaba en secreto Felipe II, sería después enviada a invadir Inglaterra. Aún faltaban años para la Empresa de Inglaterra, pero en la mente de Felipe II ya bullía la idea de invadir las islas británicas. De hecho ya se estaban haciendo los preparativos : con fecha 20 de marzo el rey escribió a Menéndez para que facilitara al capitán Diego Ortiz de Urízar 300 ducados, provisiones y un barco ligero armado, con el fin de que fuese a reconocer el estado en que se encontraba el reino de Irlanda, expedición de la que el capitán Ortiz regresó en junio informando positivamente sobre la facilidad de invadir dicho reino en el cual había, por ser católicos, muchos partidarios de una acción contra los vecinos británicos. Los católicos irlandeses estaban dispuestos a apoyar a los españoles en una guerra de esas características.

De hecho, las preocupaciones de Menéndez empezaban a adquirir consonancia con un vasto proyecto de guerra contra Inglaterra. Así, el 15 de marzo escribe al rey :

Muchos corsarios yngleses que la Reina envía á Irlanda, dizen se an de juntar en Gelanda con la armada del Príncipe de Orange para procurar desbaratarme ó salirme á buscar entre Dobla y Calais, si allí andubiere; y esto sé por cosa cierta, de un mercader francés que aquí vino con un navío que partió de Francia ha diez días. Dios los confundirá y dará mal suceso, y á mí Vitoria contra ellos y en servicio de Nuestro Señor y de V.M.[140]

Y el 15 de agosto, en otra carta dirigida al monarca, escribió :

Porque es discurso de mucha substancia para conservación desta armada y amparo y defensa de los vasallos de V.M: de aquellas partes y destas, y hazer gastarse y consumirse al de Orange y la ynglesa, y animar los católicos de aquel reino y de Irlanda, para quando V.M. quisiere ampararlos, poderlo hazer; y este camino me paresce se deve llevar, y no otro[141]

Dado que a Menéndez se le asignaba un nuevo cargo, hubo que nombrar un nuevo Capitán General para la Flota de Indias y por recomendación de Menéndez, fue designado el asturiano Diego Florez de Valdés. Este pudo aprovechar algo de importancia trascendental que había podido lograr Menéndez: que la navegación entre la península y las Indias fuera algo seguro, normal y cotidiano. Él mismo había cruzado el Atlántico muchas veces en distintas misiones exitosas y estaba al tanto de que la península mantenía buenas comunicaciones con los dominios de América siguiendo las rutas habituales. No obstante, Menéndez decidió suspender los viajes de los mercantes que iban desde el Cantábrico a las costas de Terranova para traer sal,

---

140. Ruidíaz y Caravia, Eugenio. La Florida. Su conquista y colonización por Pedro Menéndez de Avilés. Obra premiada por la Real Academia de la Historia. Tomo I. Imp., Fund. y Fábs. de Tinta de los Hijos de J. A. García, Calle de Campomanes, núm. 6,MDCCCXCIII. Apéndice II. Cartas de Pedro Menéndez de Avilés.
141. Ibídem,

pues era evidente que los piratas y corsarios solían interceptar esa ruta no sólo se perdía la sal, sino que los barcos capturados engrosaban la cantidad de buques de las flotas piratas, además de perderse marineros españoles bien adiestrados en las cosas del mar.

Pero volvamos al momento de formar la flota de apoyo a Luis de Requesens. Gracias a las insistentes demandas de Menéndez, el rey había otorgado dinero suficiente para conseguir los pertrechos necesarios, formándose una flota de alrededor de 300 barcos y 20.000 hombres. Durante los primeros días del mes de septiembre, Felipe II hace saber a Menéndez que la situación en Flandes había mejorado notablemente y por ello, junto con los temores al regreso de corsarios a las costas españoles, por un lado, y la próxima llegada del invierno, por otro, le ordena permanecer en Santander dispuesto a acudir a la necesidad más apremiante que surgiera.

A estas alturas, Menéndez ya se hacía una idea de cuál sería realmente el oculto destino final de la poderosa y enorme flota que se le había encomendado, que transportaría tantos miles de hombres de armas. Por eso escribió a su sobrino Menéndez Márquez, también marino y de igual nombre que él:

> Para mí sería mucho contento que en recibiendo V. mrd. esta carta diese orden de venirme á ver conmigo, que sin duda tengo que el mes de Marzo ó Abril que viene me hallará en Madrid; porque aunque pase á Flandes, está tratado para que en aquel tiempo me halle allí, para que si fuere necesario acrecentar la armada de naos gruesas y galeras, lo pueda S.M. hacer, y ser tan poderoso en esta mar de Poniente, y en especial Flandes, Inglaterra y Francia, que no haya resistencia contra la armada que traxere, y lo acabaría todo de una vez[142]

El día en que se reunió toda aquella gran escuadra hubo gran celebración, se dispararon numerosas salvas, y el bronco rugir de los

---

142. Ibídem,

cañones hizo estremecerse al puerto de Santander. Era el 8 de sep-tiembre de 1574... pero durante la celebración, Menéndez comenzó a sentirse mal y fue urgentemente atendido por los médicos de la escuadra, quienes pronto diagnosticaron que había sido atacado por un tabardillo maligno, porque así llamaban entonces al tifus exante-mático, que se consideraba una enfermedad incurable.

Pocos días antes de su muerte, al escribir su testamento, Menén-dez de Avilés mencionó a la Armada Invencible, que también se lla-mó la Grande y Felicísima Armada:

"Sepan cuantos esta carta de y lo que él contenido vieren, como yo, Pedro Menéndez de Avilés, Adelantado de las provincias de la Florida y Capitan General dellas (...) estando enfermo, aunque sano de juicio natural (...) otorgo é conozco que hago y ordeno este mi testamento o codicilo, en la manera siguiente:(...) Mando que quando la voluntad de Jesucristo Redentor y Salbador nuestro fuere servido de me llevar de esta vida, si muriere en la villa ó puerto de la villa de Santander, donde al pressente estoy en la pressente Armada, de que soy, en nom-bre de S. M., del Rey Don Felipe, mi señor, Capitan General, ó en otra qualquier parte, que mi cuerpo sea llevado á la villa de Avilés, y allí sea sepultado en la Iglesia de Sant Nicolás, donde estan sepultados mis antepasados.

Mando que mis cabeçaleros; dependan en mi cumplimiento de mi ánima (...) y en la iglesia de Sant Nicolás de la villa de Avilés, en missa y sacrificios por mi ánimaé de mis antepasados, hasta en quantidad de 400 ducados de oro(...)

Para cumplir é pagar este mi testamento, é las mandas é legados en él contenidos, dé por mis caveçaleros al señor don Diego de Mal-donado y á Juan Menéndez de Recalde y á Juan de Escalante, veci-nos y estante de esta villa de Santander, é Luis Gonzalez de Oviedo, vecino de Oviedo, y Hernando de Miranda, mi hierno, vecino de Avilés."(…)[143]

Como la de los hombres, la suerte de las naciones depende a veces del más leve accidente. Inglaterra, que apenas contaba entonces con tres millones de habitantes, no sería acaso lo que es ahora si Menéndez no hubiera muerto inesperadamente en Santander, porque si se hubiera producido el ataque, no hubiera contado con fuerzas para enfrentarlo. Parece que la Providencia significó de antemano el fin desastroso de la gran empresa de Inglaterra. Se da el caso rarísimo, tal vez único en la historia de España, de que muriesen, pocos días antes de darse a la vela una temible armada, los dos marinos más grandes de su tiempo, destinados a conducirla a la victoria. Uno era Pedro Menéndez de Avilés, el otro, Álvaro de Bazán.

Un gran hombre llega al final del camino

Recomendaron a don Pedro que aprovechara el poco tiempo que le quedaba para hacer testamento, y puso manos a la obra. Se redactaron dos versiones casi idénticas el 7 de enero y el 15 de septiembre de 1574, como ya hemos visto, porque la segunda versión no añadió nada a la primera, sino que solamente se consignaron algunas precisiones.

A pesar de que en esos momentos Pedro Menéndez de Avilés era uno de los hombres más poderosos de España, a la hora de su muerte no tenía un maravedí. Durante su vida había vendido su herencia familiar e incluso efectos personales de valor para costear sus empresas, barcos y la paga de los marineros; durante largos períodos de su vida

---

143. Testamento de Pedro Menéndez de Avilés de 15 de septiembre de 1574, que ratificaba en lo fundamental otro del 7 de enero del mismo año, según testimonio del escribano Pedro de Ceballos. Cf. Vigil, D. Ciriaco Miguel. *Noticias biográfico genealógicas de Pedro Menéndez de Avilés, primer Adelantado y Conquistador de la Florida…* Imprenta La Unión, Cámara 52, Avilés, 1892, pp. 35 ss.

había dejado de cobrar sus sueldos, pagando de su peculio particular a sus soldados, además de que había contraído deudas con amigos y familiares que ayudaron a sufragar todo aquello donde la generosidad del rey no alcanzaba. En sus servicios al reino por su empresa en la Florida había perdido dos hermanos y un sobrino. Ninguno de sus familiares o amigos reclamó nada a su muerte, pues si lo hubieran hecho, Menéndez no habría podido dejar a sus herederos lo único que les dejó, que era la casa solariega, el lugar donde vivir.

Tanto es así que una de sus hijas, Catalina Menéndez, acudió al Consejo de Indias poco después representando la muerte de su padre, sus grandes servicios y las urgentes necesidades en que se hallaba, pidiendo que, por cuenta de una libranza, se la socorriera para cumplir el testamento. El Consejo mandó librarle 1.000 ducados el 21 de junio de 1575, casi un año después de la muerte de don Pedro.

No bastó con aquella ayuda porque dos meses después, en agosto de 1575, fueron embargados bienes de los herederos de Menéndez para abonar deudas aún pendientes. Es realmente penoso imaginar una legión de escribanos y alguaciles inventariando muebles u objetos domésticos para saldar deudas con ellos... de la casa de uno de los más grandes marinos de la historia naval española que fue también uno de los más grandes del mundo, que en su tiempo garantizó el dominio español en América y fue siempre fiel servidor del rey!. Y todo eso antes de haber transcurrido siquiera un año desde la muerte del conquistador de La Florida.

Todo lo que don Pedro había obtenido en su vida era el honor de haber sido nombrado Caballero de la Orden de Santiago, con la Encomienda de Santa Cruz de la Zarza, en Toledo, además de los nombramientos de Maestre de Campo, Adelantado, gobernador, consejero y varias Capitanías Generales a base de coraje y de una valentía que no conocía ni límites ni el significado del temor y la vacilación. Menéndez había ganado por sí mismo, en cambio, una posición cimera en la inmortalidad, porque fue grande entre los muchos hombres grandes de la España del siglo XVI, como marino, estratega, militar e incluso en el campo de las técnicas de navegación.

Lo que no pudieron lograr los corsarios y piratas del Cantábrico, los enfrentamientos con franceses e ingleses en mil batallas, las flechas venenosas de los indios, la furia desencadenada de los elementos, los ciclones y las tempestades, pudo lograrlo una enfermedad común y el gran marino y militar insigne no pudo cumplir un deseo vehemente que dejó plasmado por escrito:

> Despues de la salvación de mi alma, nada hay que yo desee más que estar en la Florida al fin de mis días[144]

La terrible y devastadora enfermedad sólo duró dos días, y en pocas horas el Adelantado falleció después en Santander. El 10 de febrero de 1574, por Real Despacho, Felipe II lo había nombrado Capitán General de la Real Armada de España, y el 8 de septiembre le había llegado otro Real Despacho que le encargaba como Almirante la jefatura de la poderosa fuerza naval que se iba a lanzar contra Inglaterra. Fue esa misma tarde cuando contrajo el fatal tabardillo[145] que le quitó la vida al día siguiente, cuando estaba ya dispuesto para tomar el mando de la orgullosa Armada Invencible que Felipe II enviaba contra Inglaterra en auxilio de los católicos irlandeses y de María Estuardo, cruelmente recluida por la Reina Isabel.

Para cumplir su mandato, a los pocos días de su fallecimiento, lo colocaron en una caja de madera y amortajado en un hábito blanco con la cruz de la Orden de Santiago, fue embarcado hacia Avilés el cadáver del hidalgo, acompañándole en esta última travesía su familia, sus amigos y gran número de militares que habían servido a sus órdenes. Pero sobrevinieron esos días tales borrascas en el mar

---

144. Ibídem (46)
145. Tifus exantemático.

Cantábrico que sin poder llegar al puerto de su villa natal el barco hubo de arribar a tierra Llanes.

En la iglesia de esa villa fueron depositados los restos del Adelantado, celebrándose en ella las exequias y ceremonias militares que le brindaron los capitanes y soldados que le acompañaban. El traslado del cadáver de aquel glorioso capitán, ante una gran muchedumbre cabizbaja, fue acompañado por una guardia de honor, precedido por el alcalde y el féretro fue

> llevado por cuatro rexidores de la dicha villa, á ser sepultado con la autoridad que se requería de lumbres de cera y misas[146]
>
> ...depositándole en la Iglesia principal, donde estuvo hasta el año de 1591 en que fueron trasladados sus restos en un arca barreteada de hierro, con aldabas y cerraduras, siendo colocada, previo acuerdo celebrado el mismo año entre el Ayuntamiento y la familia propietaria...147

Allí permaneció hasta el nueve de noviembre de 1592, fecha en la que el Canónigo de Oviedo, Tirso de Avilés, levantó acta de la traslación del cadáver desde esa villa a la de Avilés, siendo depositado en la entonces iglesia del convento de San Francisco, encerrado en un sepulcro al lado del evangelio.

Parece que la Providencia quería indicar de antemano, con la muerte del eminente Capitán General, el desastroso final de aquella flota, al morir el experto marino pocos días antes de hacerse a la vela la poderosa armada que él debía conducir a la victoria. El historiador Jacobo de la Pezuela se refirió a este hecho con emocionantes

---

146. Cf. Avilés, Tirso de. Armas y linajes de Asturias y Antigüedades del Principado. Grupo Editorial Asturiano, 1991
147. Vigil, D. Ciriaco Miguel. Noticias biográfico genealógicas de Pedro Menéndez de Avilés, primer Adelantado y Conquistador de la Florida... Imprenta La Unión, Cámara 52, Avilés, 1892, pp. 35 ss.

palabras que pronunció en un discurso leído ante la Academia Española de Historia el 21 de mayo de 1866:

> …fue el Generalísimo (Pedro Menéndez de Avilés) de las fuerzas marítimas de España encargado de reunirlas y prepararlas en Santander en 1574 para la misma empresa contra Inglaterra, que se desgració años adelantes en manos menos diestras. Quiso la estrella de tan gran nacion que falleciese Menéndez de enfermedad aguda en la edad mejor para los grandes mandos. Lo natural era que quien con pocos medios hizo tanto, hubiera hecho mucho más teniéndolos tan grandes…
>
> …como la de los hombres, la suerte de las naciones depende a veces del más leve accidente. Inglaterra, que apenas contaba entonces tres millones de habitantes, no sería acaso lo que es ahora, si Menéndez no hubiera muerto[148]

En el testamento de sus pocos bienes, fechado el 15 de septiembre de 1574, se disponía, sencillamente, esto:

Para su esposa y sus hijas, que eran sus legítimas herederas, legó su única propiedad: la casa solariega de la villa de Avilés.

Quiso ser enterrado en su ciudad natal de Avilés, en la parroquia de San Nicolás en el lugar reservado a los entierros de su familia, al lado del Evangelio, empotrado en la pared a seis pies de altura. Recibió sepultura provisional en la Iglesia de la villa de Llanes, y posteriormente fue trasladado según su voluntad.

Dejó prescrito que se colocara sobre su tumba el escudo que otorgó a sus antepasados el rey Fernando III el Santo por su participación en la toma de Sevilla en 1248. En aquella ocasión, un hijo de Avilés iba al mando de un barco cuya ferrada proa, según la tradición, portaba una sierra del mismo metal con la cual embistió y rompió la cadena que

---

148. Pezuela, Jacobo de la. Discursos leídos ante la Real Academia de la Historia en la recepción pública de D. Jacobo de la Pezuela, el día 21 de mayo de 1866. Imprenta á cargo de Ramón Soler, Calle de San Gregorio, 85, Madrid, 1866, p. 32

unía dos castillos en las márgenes del río, permitiendo así la entrada a la ciudad por el río Guadalquivir… en el escudo se presentan dos campos con las armas de la familia paterna y materna, y detrás del escudo, se podía ver la Cruz de la Orden de Santiago, una cruz de gules, cuyos brazos y extremos ostentan la flor de lis.

En toda la ciudad de Santander hubo grandes manifestaciones de luto y de dolor cuando se hizo pública la noticia de su muerte el día 17 de septiembre de 1574. Su vida había transcurrido a lo largo de 55 intensos años. La escuadra que había reunido se deshizo porque Felipe II no tenía en ese momento otro gran jefe a quien pudiera confiar la tremenda empresa que había previsto para esa gran flota.

Las crónicas nos informan que el rey quedó muy afligido, mostrando mucho dolor, y no es para menos, porque cada misión que confiara había sido coronada por el éxito, y el monarca lo apreciaba tanto que hizo colocar su retrato en sus dependencias y lo señalaba diciendo que era el hombre que mejor le había servido.

Para cumplir su testamento, se le trasladó embarcado desde Santander, en un arca de barras de hierro con sus cerraduras.

Y de esta forma, encerrado en tan sencilla arca, se le trasladó en una embarcación. Como antes se ha dicho, no fue posible desembarcar en Avilés porque se desencadenaron grandes borrascas en el Cantábrico, tal vez enlutado por el inesperado fin del gran marino, y finalmente se pudo llegar a Llanes donde depositaron sus restos en la iglesia.

Posteriormente, en 1591, los restos mortales del gran hombre fueron trasladados a la Iglesia de San Nicolás en la villa de Avilés en un arca de madera, envueltos en el hábito de la Orden de Santiago.

Traslación y sepultura del cadáver de Don Pedro Menéndez de Avilés

A continuación se transcribe literalmente el texto del Acta de traslación del cadáver del Adelantado de la Florida:

Traslacion del cadáver de D. Pedro Menéndez de Avilés, Adelantado de la Florida.—

En la villa de Avilés á nueve de Noviembre de mil y quinientos y noventa y un años, yo Tirso de Avilés, canónigo de Oviedo, notario por la autoridad apostólica, doy fee y verdadero testimonio: como pedimento de D. G.° (Gonzalo) de Solís arcediano de Benavente en la sglia. (Santa Iglesia), me fue mostrado en un ataud de madera matizado de negro, con un letrero dorado, el cadáver y huesos de D. Pedro Menendez de Avilés, adelantado de la Florida, el cual estaba amortajado en un hábito blanco con su † colorada en el medio, de la órden de Santiago. El cual fue traído de la villa de Llanes, adonde estaba depositado, para ser sepultado en la dicha villa de Avilés, en la iglesia parroquial de San Nicolás, como é por disposición de una cláusula de su testamento fue mandado, y traido por el dicho D. G.° de Solis, á lo cual yo fui presente, como antes de ahora di fee y testimonio della, al cual me refiero, y en este dicho dia fue el dicho ataud llevado de las casas del dicho Adelantado que tenia en la dicha villa de Avilés por cuatro rexidores de la dicha villa, á ser sepultado con la autoridad que se requeria de lumbres de cera y misas, por la clerecía y religiosos del monasterio de San Francisco que hay en la dicha villa, á dicha parroquial principal de San Nicolás que en ella hay, donde despues de la misa mayor, que fue dicha por el dicho arcediano de Benavente con dos canónigos que le ministraron de Diácono y Subdiácono, fue puesto el dicho ataud en un principal arco, tres varas de medir en alto, que para este efecto fué fabricado, en la pared dentro de la capilla mayor hacia la parte del Evangelio, el cual arco estaba también matizado de negro, con tres cruces de la Encomienda de la órden de Santiago, y en medio del arco encima dél, un escudo de las armas (de Valdés), y a los lados, dentro del arco, pintadas asimismo las armas del dicho Adelantado, y entregada la llave del dicho ataud á la justicia y rejimiento de la dicha villa. El gasto de la cual traslacion fué certificado ansí de la ida y venida de Llanes cuando fueron traidos los dichos huesos, como el dia que fueron trasladados á la dicha iglesia de San Nicolás, fué a costa de del dicho arcediano de Benavente, por yo el dicho canónigo Tirso de Avilés notario por haber ido y venido en su compañía á la dicha villa de Llanes, y hoy dicho dia me hallé presente á todo lo que dicho es, estando presentes por testigos Pedro de Trubia canónigo de Oviedo y Juan de Avilés arcipreste de Siero y Alonso Lopez de Bolaño vecino de la villa de Navia y Pedro Alvarez de Valdés y Lois de Leon y Pedro Martinez Pumarino y Pedro (Valdés?) de Leon, rexidores, y Dgº. (Diego) de Miranda y Francisco de Garay vecinos de la dicha villa. En fee de lo cual di la presente, siendo requerido, dia mes é año susodicho.- Tirso de Avilés, notario.

De copia que, según noticia, debe existir en la Universidad Literaria. Archivo de la Casa de Canalejas[149]

Junto a la sepultura se colocó una sencilla lápida que dice así:

AQVI IAZE SEPVLTADO EL MVY YLVTRE CAVALLERO PEDRO MENEZ DE AVILES NATVRAL DESTA VILLA ADELANTADO DE LAS PROVINCIAS DE LA FLORIDA COMENDADOR DE SANTA CRUZ DE LA ÇARÇA DE LA ORDEN DE SANTIAGO Y CN GENAL DEL MAR OCCEANO Y DE LA ARMADA CATOLICA QUE EL SEÑOR FELIPE 2.º JVNTO EN SANTANDER CONTRA YNGLATERA EN EL AÑO 1574 DONDE FALLECIO A LOS 17 DE SETIEMBRE DEL DICHO AÑO SIENDO DE EDAD DE 55 AÑOS.

Don Aureliano Fernández-Guerra y Orbe, miembro de la Real Academia Española y de la Real Academia de la Historia, dijo de Pedro Menéndez en un discurso que

---

149. Vigil, Ciriaco Miguel. Asturias Monumental, Epigráfica y Diplomática. Imprenta del Hospicio Provincial, Oviedo, 1887, pp. 282-283

es el mejor marino del siglo XVI, a quien España debe un monumento, la Historia un libro y las Musas un poema[150]

La primera colonia que Menéndez había fundado en la Florida, antiguamente llamada Provincia de la Florida Española o Florida Oriental, que actualmente equivale al estado de la Florida en la unión norteamericana, es hoy una hermosa ciudad cargada de historia, que se siente orgullosa de ser el primer asentamiento europeo permanente en su país, en la que recae el honor de ser la ciudad más antigua de los Estados Unidos, San Agustín de la Florida.

Debido a las obras y modificaciones que se realizaron en la avilesina Iglesia de San Nicolás en el año 1924, se construyó una nueva arca para contener los restos de don Pedro Menéndez. Entonces el arca antigua fue cedida por el Ayuntamiento de Avilés a la ciudad de San Agustín de La Florida, a solicitud de esta, corriendo con todos los gastos un mecenas norteamericano, John Batterson Stetson Jr., que no solo se hizo cargo del coste del traslado sino también de la completa restauración del arca, convertida en toda una reliquia que se venera en la ciudad, la más antigua de los Estados Unidos.

Actualmente el ataúd, perfectamente restaurado y conservado se expone para asombro y gozo de los visitantes, en el museo dedicado a Pedro Menéndez situado en la Misión Nombre de Dios en el lugar en que se dijo la primera misa, donde también se encuentra la ermita de Nuestra Señora de la Leche y la Gran Cruz que recuerda el lugar donde Pedro Menéndez y los españoles que le acompañaron en su magnífica aventura de 1565 escucharon la primera eucaristía en tierras norteamericanas para, después, proceder a la fundación de la ciudad de San Agustín el 28 de agosto de 1565.

---

150. Cf. Fernández Guerra y Orbe, Aureliano. El fuero de Avilés. Discurso leído en la Real Academia de la Lengua Española, en el aniversario de su fundación, en 1865. Madrid, Imprenta Nacional, 1865

La ciudad de San Agustín de la Florida ha tenido una larga, azarosa y heroica historia. Poco después de la muerte de don Pedro fue atacada por el corsario inglés Francis Drake, que quemó la mayor parte de los edificios incluyendo el hospital, el convento franciscano y parte de los edificios del gobierno. A pesar del ataque, la ciudad siguió en manos españolas. En 1668 el pirata inglés Robert Searle intentó, sin éxito, destruir la ciudad y tomarla. Este ataque se recuerda actualmente en San Agustín con una representación en la que participa parte de la población, con actores vestidos en traje de época, y se realizan disparos de artillería. A raíz del ataque del pirata inglés en 1668 se decidió edificar un nuevo fuerte, el Castillo de San Marcos, que tuvo y conserva reputación de invencible, y que hoy día se conserva como monumento nacional de los Estados Unidos.

Asimismo, hubo dos intentos de conquista británica en 1702 y 1740, pero la posición española siguió imbatida y el poderoso Castillo de San Marcos, principal defensa de San Agustín, obtuvo el título de invencible que siempre conservó.

En 1704 el coronel inglés James Moore y sus aliados, los indios creeks, empezaron a incendiar misiones españolas en el norte de Florida y a ejecutar a los indios que se mostraban amigables con los españoles. Fue durante esta época cuando los indios seminolas empezaron a migrar hacia Florida.

Hacia 1740, durante la guerra llamada de la oreja de Jenkins, una intentona del general Oglethorpe, a cargo de la colonia inglesa de Georgia, fue parada en seco por el gobernador de la Florida, Manuel Montiano, con la ayuda de tropas que llegaron de Cuba y el apoyo de los indios conversos y los negros libres que defendieron el Fuerte Mosé. Poco después de experimentar severas pérdidas en la batalla de Bloody Marsh, con la derrota de los highlanders, Oglethorpe se retiró definitivamente a Georgia.

En 1763 pasó a manos inglesas de forma pacífica mediante el Tratado de París, y se cuenta que cuando entraron en San Agustín las tropas inglesas de ocupación, los habitantes lloraban pensando

que aquellos que nunca habían sido vencidos, tuvieron que rendirse en un papel[151]

pero la provincia no tardaría en regresar a manos españolas, lo que sucedió en 1781 tras la batalla de Pensacola. Finalmente, San Agustín fue vendida a EE.UU. en 1821 a cambio de cinco millones de dólares y la promesa, luego incumplida, de que se respetarían las posesiones que España todavía conservaba en Texas.

En la actualidad, la hermosa ciudad de San Agustín tiene muy presente la memoria de Pedro Menéndez, a quien se le ha erigido un monumento ante el City Hall de la ciudad, en la cual es frecuente ver ondear la bandera de la cruz de Borgoña.

Se dijo anteriormente que don Aureliano Fernández-Guerra, en 1865, señaló en un discurso que Menéndez era digno de un monumento. Quizá sus palabras lograron el estímulo que inició un proyecto de monumento en su ciudad natal. El proyecto se llevó a cabo en 1917. Se levantó en el Parque del Muelle de la villa asturiana y fue inaugurado el 23 de agosto de 1918. La estatua es de bronce. En el pedestal hay unas placas. En la placa delantera se lee:

A / PEDRO MENENDEZ / DE AVILES / 1519 - 1574 / CABALLERO DEL HABITO DE SANTIAGO / CAPITAN GENERAL DEL MAR OCEANO / ADELANTADO Y CONQUISTADOR / DE LA FLORIDA / DONDE FUNDO LA CIUDAD DE SAN AGUSTIN / EN EL AÑO DE 1565

Y en la placa trasera,

---

151. Gannon, Michael V. The Cross in the Sand: The early Catholic Church in Florida 1513 – 1870. Gainesville, Florida, 1965, p. 83

MODELO DE CABALLEROS / Y / PATRIOTAS / SU PUEBLO
Y LA PATRIA / AGRADECIDOS / LE CONSAGRAN ESTE
RECUERDO / AÑO 1917

En los laterales del monumento, que fue restaurado en el 2007, se ve un velero desde la proa en un lado del pedestal y desde la popa al otro lado.

La memoria de Menéndez se sigue venerando está hoy día presente entre los vecinos de su ciudad natal, que tiene como gran mérito llamarse "Villa del Adelantado", aunque no son muchos los que le conocen en la misma España.

No es posible comprender bien que el ilustre Don Pedro Menéndez de Avilés forme parte de esa cantera de grandes marinos ilustres desconocidos o casi desconocidos para la inmensa mayoría de españoles. Es absurdo que su nombre permanezca en el olvido siendo como fue notable capitán, pesadilla de piratas, azote de corsarios, Adelantado y conquistador de La Florida, Gobernador de Cuba, Consejero Real, incansable y siempre fiel servidor del Reino y fundador de la ciudad de San Agustín, primer asentamiento definitivo de los españoles en la Florida.

Ese fue don Pedro Menéndez, el héroe inolvidable de la ciudad de Avilés, el hombre que lo dio todo por España, el mismo que nunca encontró a su hijo perdido.

Dr. Salvador Larrúa-Guedes
En Miami, Florida, el 28 de diciembre de 2012

LO QUE SUCEDIÓ DESPUÉS

Pedro Menéndez de Avilés había regresado de las Indias para hacerse cargo del mando como Capitán General, nombrado por Real Despacho de 10 de Febrero de 1574, de una formidable armada que tenía como objetivo destruir a los piratas y corsarios que atacaban nuestras costas así como el de prestar auxilio a Luis de Requesens en la guerra que sostenía contra los Orangistas en los Países Bajos. El 8 de septiembre toma posesión en Santander del mando de la escuadra, formada por 300 velas y 20.000 hombres, pero enferma y muere el día 17, a los 55 años de edad. Con respecto a las causas de su muerte, Fernández Duro cita, en sus «Disquisiciones Náuticas», la falta de higiene y sobre todo la falta de hospitales que aquejaba los puertos en donde se realizaban importantes concentraciones de marinos, como es el caso que nos ocupa, en donde murieron más de tres mil hombres por falta de atención sanitaria, entre ellos el insigne marino avilesino. Aunque en un principio se creyó que había sido la peste la causante de tan singular sangría de vidas, hoy sabemos que la mortal epidemia fue causada por contagio del tifus exantemático, a través de los piojos corporales que portaban las tripulaciones, incluyendo, como podemos deducir, los propios jefes de las mismas.

Pedro Menéndez había dictado testamento en Sanlúcar de Barrameda el 7 de enero de 1574. Hace nuevamente testamento en Santander el 15 de de septiembre y en este segundo documento manifiesta la voluntad de que su cuerpo sea llevado a la villa de Avilés y allí sea sepultado en la iglesia de San Nicolás, en donde descansaban sus antepasados .

En cumplimiento de su voluntad, amortajado con el hábito de Santiago, fue embarcado su cadáver para el traslado, pero durante éste una fuerte tormenta hizo que la comitiva arribase a la villa de Llanes, en Asturias. En la iglesia principal de esta población, llamada de Santa María, fueron depositados con gran solemnidad los restos del Adelantado y allí permanecieron hasta el año 1591.

En noviembre de 1591, comisionados por la Justicia y Regimiento de Avilés, llegaron a Llanes el Arcediano de Benavente, Gonzalo de Solís, y el Canónigo de Oviedo, Tirso de Avilés, para hacerse cargo de los restos del Adelantado y trasladarlos a la villa avilesina con el objeto de dar cumplimiento a la voluntad del mismo, expresada en el anteriormente citado testamento.

Tirso de Avilés levanta acta de la traslación desde la villa de Llanes a la de Avilés de los restos mortales de Pedro Menéndez, según documento fechado en Avilés a 9 de noviembre de 1591 y depositado en el archivo del Marqués de San Esteban del Mar. En este documento se cita por primera vez el ataúd de Pedro Menéndez, ahora depositado en el museo dedicado al Adelantado en la Misión del Nombre de Dios en San Agustín de la Florida. Tirso de Avilés relata como el cadáver estaba amortajado en un hábito blanco con una cruz colorada en medio, de la Orden de Santiago, colocado dentro de un ataúd de madera matizado en negro y con un letrero dorado. Dice que había sido traído de la villa de Llanes y que, en dicho día, el ataúd fue llevado por cuatro regidores de la villa de Avilés para ser sepultado en la iglesia parroquial de San Nicolás. El ataúd fue puesto en un arco principal en la pared dentro de la capilla mayor en la parte del Evangelio y las llaves del mismo fueron entregadas a la Justicia y Regimiento de la villa.

En el año de 1652, el día 1 de mayo, se anuncia en Avilés la decisión de la Justicia y Regimiento de la ciudad de hacer obras en la iglesia de San Nicolás consistentes en la colocación de bóveda y arreglos en la capilla mayor. Las obras con arreglo a la planta y traza del maestro Velasco y dirigidas por Juan de Solís dieron comienzo poco después. Se procedió a la demolición del ábside para lo cual fue preciso deshacer el entierro de Pedro Menéndez. Así se sacó el ataúd y se depositó provisionalmente en un lateral de la iglesia con la intención de devolverlo a su sitio una vez terminadas las obras. Allí continuaron hasta que en 1924 el Ayuntamiento de Avilés encargó al escultor Garci-González la realización de un nuevo sepulcro, el actual.

La exhumación de los restos del Adelantado se realizó el 24 de junio de 1924, de lo cual levantó acta el notario Arsacio de Prado y Campillo, del ilustre colegio de Oviedo, previo requerimiento del Alcalde de Avilés, José Antonio Rodríguez Fernández. Eran las tres de la tarde, en la iglesia de San Nicolás y en presencia del notario y del alcalde, así como de los miembros de la junta organizadora de los actos del traslado de los restos del Adelantado al nuevo mausoleo, Francisco Abarca, Telesforo González, Prior de los Franciscanos; Luis Caso de los Cobos y Valdés, José Ramón Muñiz Rojas, Armando Fernández Cueto y Julián Orbón Corujedo, procedieron los operarios Félix Reguera Álvarez, Antonio Fernández Díaz y Bernardo Lorda Cimadevilla, dirigidos por Armando Fernández Cueto, al acto de extraer los restos de Pedro Menéndez. Desprovisto el sepulcro de las dos piedras que lo revestían por la parte superior y por el frente, quedó al descubierto un ataúd de madera que contenía en su interior restos humanos y trozos de ropa. Estos restos humanos y trozos de ropa se colocaron dentro de una caja de madera que después fue cerrada con tornillos que fueron precintados por el notario referido.

El día 9 de agosto de 1924, con gran solemnidad y la asistencia de importantes delegaciones oficiales de los EE. UU. y de España, se trasladó el arcón de madera conteniendo los restos del Adelantado a la iglesia de San Nicolás. El día 12 de agosto se procedió a dar sepultura definitiva al Adelantado en el mausoleo construido por Manuel Garci-González en el templo de San Nicolás. Algunos individuos de la comisión organizadora de los actos, el escultor y artista autor del mausoleo, la comunidad de los Padres Franciscanos, junto con los operarios, son los testigos del nuevo enterramiento. Pero el sarcófago es demasiado pequeño, en longitud, para contener los restos del Adelantado, por lo que se procede a acomodarlos en una caja de plomo que, una vez soldada, se guarda dentro del nuevo mausoleo.

El viejo ataúd negro con letras doradas fue regalado por el alcalde de Avilés a la ciudad de San Agustín de la Florida, tras la intervención decisiva, solicitando la cesión, del señor John Batterson Stetson Jr., quien corrió con todos los gastos del traslado, así como de su restauración y lo entregó más tarde a la ciudad de San Agustín. El ataúd se embarcó en Santander y en octubre de 1924 la ciudad americana recibe la histórica reliquia que, por decisión de su Ayuntamiento y tras diversos avatares, fue entregada posteriormente a la diócesis de San Agustín para su custodia. Actualmente el ataúd, perfectamente restaurado y conservado se expone para asombro y gozo de los visitantes, en el museo dedicado a Pedro Menéndez situado en la Misión Nombre de Dios en el lugar donde también se encuentra la ermita de Nuestra Señora de la Leche y la Gran Cruz que representa el lugar donde Pedro Menéndez y los españoles que le acompañaron en su magnífica aventura de 1565 escucharon la primera misa en tierras americanas para, a continuación, proceder a la fundación de la ciudad de San Agustín aquel, ya lejano, 28 de agosto.

ANEXO II

ASIENTO Y CAPITULACIONES DE
S.M. FELIPE II CON PEDRO MENÉNDEZ
DE AVILÉS

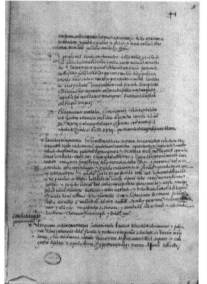
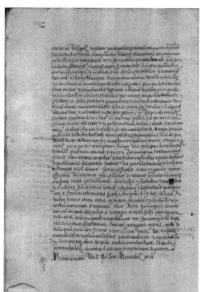

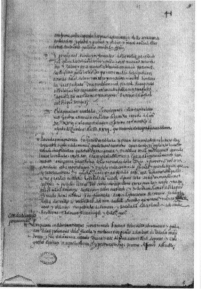
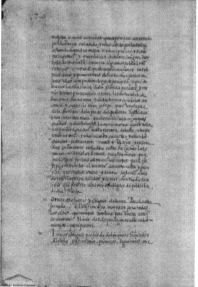

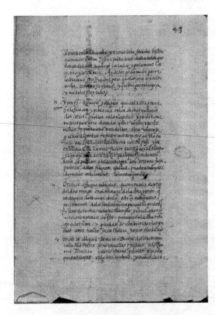

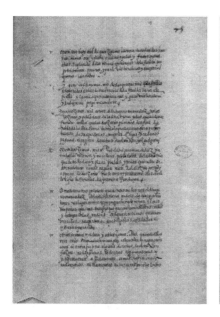

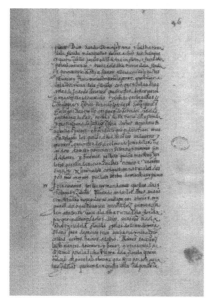

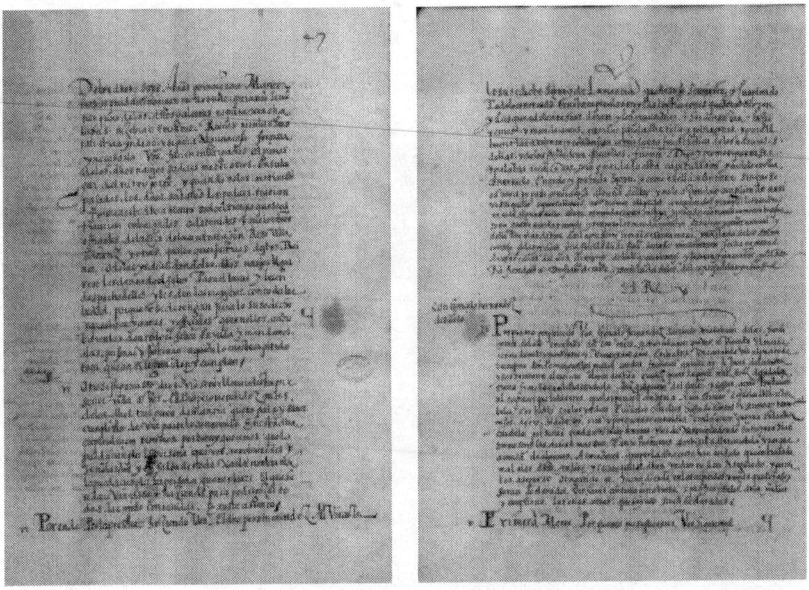

EL MEMORIAL DE PEDRO MENÉNDEZ DE AVILÉS PARA LA CREACIÓN DEL SISTEMA DE FLOTAS

Memorial sobre la navegación de las Indias, hecho por Pedro Menéndez de Avilés que fue por capitán general a la Nueva España y vino de ella, año de 1566.

Lo que parece al capitán Pero Menéndez que Su Majestad debe mandar proveer para que en la navegación de las Indias anden los navíos con más seguridad de lo que ha mandado hasta aquí y para que vayan y vengan con más brevedad es lo siguiente:

En la navegación de las Indias, por ser larga y trabajosa, hay necesidad de los mejores navíos que navegan por la mar y es al contrario porque navegan los más malos que hay en España por causa de que todos los navíos que hacen en España, por la mayor parte, primero que se vayan a vender a Sevilla navegan por levante y poniente, los envían a vender a Sevilla, y cuando sus dueños entienden que están cascados y trabajados y de poco provecho, los envían a vender a Sevilla, Y allí los compran para la Carrera de Indias porque como en las Indias, por la mayor parte, dan con las naos al través por lo mucho que allá se detienen que hacen mucha costa con ellas y porque las pasa la broma[152]. Y en Sevilla, dan poco más por la nao nueva que por la vieja que hacen cuenta que pues la han de echar a perder al través que poco les importa que sea vieja o nueva. Y por esta causa ordinariamente los que hacen navíos se aprovechan de ellos en levante y

---

152. Broma: Molusco bivalvo marino cuyas valvas perforan las maderas sumergidas.

poniente antes que los lleven a vender a Sevilla y, como dicho tengo, cuando van es que sienten que están de poco provecho.

Ítem, por la mayor parte, los que compran estos navíos en Sevilla los sacan de sus cimientos como saben que en llegando a las Indias los han de echar al través y edificar sobre ellos muchas obras, haciéndolos mayores que por lo poco los acrecientan al tercio mayores de lo que eran. Y así les habían de acrecentar las velas para que navegasen más y, entonces, por haberlos sacado de sus cimientos, no lo sufre la quilla y costado y no pueden mantener las velas que primero tenían cuando eran de menos porte. Y de esto procede ser navíos muy zorreros en la mar, que los que solían navegar en dos meses antes que los acrecentasen tardan más de tres y son muy malos marineros al tiempo de la tormenta y no pueden sustentar el artillería ni se guardan de ella porque penden a la banda por las muchas obras que arriba tienen y el poco cimiento de abajo. Y en el río de Sevilla la ponen dentro del navío por su orden para cuando los visitan y, en saliendo a la mar, luego la quitan donde está que es el lugar donde habían de servir y la echan debajo de cubierta donde no pueden aprovecharse de ella al tiempo que es necesario. Y quitan las jarcias y pavesadas que dan pendon (sic) y quedan desarmadas que cualquier navío los puede ofender y esto les es necesario hacer porque, como están sacados de su proporción, no pueden sufrir arriba tanta carga.

Ítem, que los marineros que en estos navíos navegan, por la mayor parte, son extranjeros y los más de ellos pasajeros que como las dichas personas quieren pasar a Indias aunque sean de las prohibidas o malhechores que andan ausentados por deudas o delitos, así de España como de todo levante y poniente, ocurren a la ciudad de Sevilla. Y los que no son marineros, se conciertan con los maestres de las naos que los reciban a marineros, o lombarderos, o grumetes, o pajes, y, según la edad (y) talla que tienen, así los nombran en los oficios y los llevan. Y con estos hinchen la copia que les manda el visitador que si a una nao mandan llevar sesenta personas y la mitad de ellos entienden el oficio, la otra mitad son de los que tengo dicho. Y, salidos a la mar, donde son menester, al tiempo de una tormenta, no hay marineros que sepan navegar, y por ser las naos ruines y los marineros pocos se pierden muchos navíos. Y la causa de esto es la codicia de los maestres que, como estos que van en nombre de marineros no llevan soldada, pagan cada uno de estos que van en nombre de marineros al maestre un tanto porque los dejen allá. Y también, muchos de los marineros que habían de llevar soldadas, las dejan a los maestres porque los dejen en las Indias y así procuran los maestres en la ciudad de Sevilla los maestres y dueños de naos de llevarlos para dar con ellas allá al través. Y muchas veces acontece, aunque la nao sea nueva y esté buena para volver a España, le es a su dueño más ganancia dar con ella al través que no traerla a España, por causa que si hubieren de buscar marineros para la traer le costaría más que ella vale y los que las traen. Y dejaron allá los marineros que llevaron de Sevilla y tomaron en las Indias otras para traer sus naos seguras vienen que en la contratación les pedirán cuenta de los marineros que llevara porque nunca se las pide y es causa que se quedan cada año y de cada navío más de la mitad y aun los dos tercios y de las naos quedan allá al través todas. Y por se permitir esto la más parte de la gente de Indias son extranjeros y los que son naturales son de los prohibidos que han ido como dicho tengo. Y los unos o los otros, o los más de ellos, son gente abatida y de poca honra y mala vida y, como los más, no sean españoles, no tienen el celo del servicio de su Majestad que deberían tener. Y así, en la flota de que el año pasado yo fui por capitán general, de las tres partes de gente que fueron en las naos merchantes no volvió la una, según constara por la visita que se les hizo al partir de Sanlúcar y la que se les hizo al tiempo que vinieron, que consta por las dichas visitas haber quedado de las dichas naos merchantes que fueron en mi compañía dos mil y tantas personas y de la gente que tengo dicho.

Ítem, los marineros que van a ir y volver en las dichas naos merchantes ganan de soldada las dos tercias partes más que solían ganar y la causa es que, si una nao manda llevar sesenta marineros el maestre no lleva más de treinta, porque los treinta son pasajeros aunque van en nombre de marineros. Y reparten entre sí, los treinta, todas las soldadas que habían de llevar los sesenta y el maestre goza los cohechos que los treinta pasajeros que van en nombre de marineros le dan. Y, aunque hallen la copia de marineros conforme se los mandan llevar en la visita, huelgan de no los tomar y los que son marineros huelgan de ser pocos en una nao y que hincha el maestre la copia de pasajeros en nombre de marineros por ganar grandes soldadas.

Ítem, que en visitar las naos (una) segunda vez en Sevilla es causa de mucha dilación porque cargan allí y después descargadas van las a visitar si tienen aquellas cosas que les mandaron en la visita primera, lo cual toman de otros navíos por entero y hacen demostración de ello. Y de gente natural, como les fue mandado en la dicha visita primera, y asiéntase esta visita según se da por buena, y vuélvese (sic) a descargar la nao de las mercaderías, artillería y municiones porque es forzado que se haga para pasar los malos pasos del río. Y acontece tardar una nao en pasarlos un mes y lo ordinario es quince o veinte días, y otros quince que tarda en descargarse. Y después, otros tantos en se volver a cargar. Y todo este tiempo están las mercaderías cargadas en barcos y se mojan y dañan y hurtan. Y, como los maestres tienen dado conocimientos de cómo recibieron las dichas mercaderías bien acondicionadas, pagan todo lo que se pierde de esta manera de los fletes de sus naos, al precio que valieron las otras mercaderías y es causa que los fletes andan tan caros. Y así, esta segunda visita no aprovecha, antes daña mucho por las razones que tengo dichas y otras muchas que habría que decir y no hay para qué la hacer hasta que quieran partir de Sanlúcar.

Ítem, que de ir los navíos solos, de dos en dos y de tres en tres, se recibirá gran daño y darse ha ocasión para que, aunque haya paces, haya muchos corsarios que sabiendo que van y vienen los navíos a las Indias sin orden se codiciarán de salir al corso. Y por ir a guardar los dichos navíos que van y vienen a las Indias, hallarán los navíos que navegan en la costa de España y harán muchas presas en ellos y, por (ha) cer pases y no ser descubiertos, tomarán las mercaderías y hacienda que llevaren y echarán los navíos con la gente al fondo como suelen hacer. Y también, aunque salgan tres y cuatro navíos juntos, en saliendo de la barra de Sanlúcar, cada uno va por su cabo, sin aguardar al otro, y, si les acontece algún peligro de hacer agua u otra cosa, no hay quien los socorra. Y, si topan con algún corsario, luego es tomado, y, por la mayor parte, los maestres de estos navíos no son señores de ellos, son maestres postizos, gente de poca manera y honra y así se dejan estar en los puertos donde llegan descuidados y con vicios, como las naos no son suyas, ni les va interés. Y en el despacharse del puerto para venirse en España, no tienen el cuidado que conviene y, por esta dilación, la broma destruye las naos y las corrompe y cuando vienen para España se pierden muchas y aun se sospecha que los maestres que las traen a cargo se les da poco y, como les va poco interés y ellos son de mala vida y fama, sospechase que ayudan a hurtar parte de lo que se escapa.

Ítem, hay ordenanzas que las naos que vienen de Indias suban con todo el oro y plata (y) perlas que traen a la ciudad de Sevilla, para que allí sean visitadas por los jueces de la Casa de la Contratación. Y, cuando aquella ordenanza se hizo, navegaban navíos de ciento y cincuenta toneles y de a doscientos y ahora navegan navíos de cuatrocientos y quinientos y pescan mucha agua y corren mucho peligro sobre el río porque como son de pequeños cimientos y muy alterosos, en tocando, luego se trastornan poniendo las gavias al agua.

Ítem, era menester que las naos naveguen en tiempo d invierno y vayan y vengan con más orden y seguridad que hasta aquí vayan cada año de Sevilla dos flotas a las Indias, la una, que salga a primero de abril, y la otra, a primero de octubre, yendo visitadas todas las naos conforme a las ordenanzas de la contratación de Sevilla. Habiendo paz no han menester armada sino que, en cada flota, vaya un general que la gobierne y que ejecute las ordenanzas de la visita y cosas tocantes a la navegación, dándole alguna autoridad para representar su oficio. El remedio que me parece se debe tener en esto es lo siguiente:

El que fuere capitán general de la flota ha de visitar en Sevilla, por su persona y por ante el escribano, todas las nos que hubieren de cargar para las Indias para ver las fuerzas y reparo y aparejos, gente y artillería y municiones que ha menester para el viaje. Y que no pueda hacer edificios ningunos en la dicha nao, más de aquellos que le fueren señalados, so pena de perder la nao y fletes. Y que, así visitada, pueda cargar en cualquier parte de la ría de Sevilla que quisiere porque la nao pequeña que pudiere bajar con la carga la tomara en la dicha ciudad de Sevilla y la nao que fuere grande y pescare mucha agua pasará los malos pasos sin carga y, después de pasados, lleváranle la carga en barcos y, de esta manera, se aprestarán las naos con harta más brevedad y seguridad y no se mojarán, ni maltratarán las mercaderías como hacen, cargándolas en la ciudad de Sevilla, y después volverlas a descargar y tenerlas dos meses cargadas en el barco.

Ítem, se podrá mandar que, pasados tres años que serán gastados los navíos que ahora navegan en la carrera de las Indias, que no puedan visitar ningún navío para cargar para Indias, habiendo navegado en levante o poniente de dos años arriba. Y esto se cuente desde el día que se botare hasta el día que fuere su dueño a pedir visita. Y, sobre ellos, no puedan hacer edificios más de los que traen si no fuere alguna cosa que forzosamente se vea que es necesario y provechoso para fortificación y seguridad de la dicha nao y mercaderías. Y, dentro de estos dichos tres años, digo se acabaran los dichos navíos que ahora navegan en la carrera de las Indias y entenderán todos esta ordenanza y procurarán de hacer navíos a posta para la navegación, que será causa que se navegará con harta más seguridad y brevedad que hasta aquí y podrán sufrir harta más tormenta y la artillería que les echaren y jarcia y pavesaduras para defensa de los enemigos.

Ítem, ha de mandar que pasados los dichos tres años, no se pueda visitar para la carrera de Indias navío que pase de cuatrocientas toneladas porque estos, como no edifiquen sobre ellos, no pescarán mucha agua y, siendo mayores, son peligrosos para el río por haber en él muchos bancos y no pueden salir en la barra de Sanlúcar sino con aguas vivas y, muchas veces, cuando las hay, falta el tiempo, y, otras veces, cuando hay tiempo, son aguas muchas y no pueden salir por los navíos pescar mucha agua que es causa principal que los navíos se detengan mucho en Sanlúcar de que se recibe gran daño. Y para los puertos que hay en Indias y para la navegación de ida y vuelta del porte de cuatrocientos toneles como no sean mayores podrán salir la barra de Sanlúcar en todas aguas muertas.

Ítem, que al tiempo de la visita no pueda llevar ningún maestre marinero que no sea examinado por el capitán general para que no haya el fraude y engaño que hasta aquí. Y que el capitán general no consienta ir ningún marinero extranjero en la flota, poniendo pena al maestre que ha de ser privado del oficio y desterrado a galeras por diez años o perpetuamente no lleve ningún extranjero por marinero ni pasajero sin licencia, ni en nombre de marinero. Y al marinero notificarle que, so pena de ser desterrado a galeras perpetuamente y perdimiento de sus bienes, no se quede en las Indias y que se vuelva en la nao que fuere y los que fueren en naos que hubieren de dar al través entiendan que van con condición que han de volver en los primeros navíos que volvieren a España.

Ítem, cuando se quejaren los maestres de las naos que no pueden hallar los marineros que les echaron en la visita es cierto que los hallarán y, cuando les faltare alguno, hallarán muy buenos soldados españoles que han navegado en la carrera de Indias tres o cuatro viajes que están medio diestros. Y, para el tiempo de pelear, vale un español de estos por dos extranjeros y por tres. Y cuando viere el maestre que, faltándole marineros, el capitán general le ha de mandar llevar sobrados españoles en lugar de los que le faltan tendrá todo cuidado de los buscar y con esta orden en breve tiempo habrá muchos marineros naturales en la navegación de las Indias y muchos marineros portugueses se vendrán con sus mujeres e hijos a vivir a Sevilla y al Condado y a Cádiz y a otras partes de estos reinos. Y, con esta orden, no se quedarán tantas naos en las Indias y habrá muchos marineros que las traigan que, como vean los dueños de ellas que tienen marineros que les traigan sus naos a España sin dineros, no las querrán dejar y los fletes bajarán y, si esto no se remediase, según las naos que dejan cada año en las Indias en poco tiempo no habrá madera en España para hacer naos y se quitará que no naveguen en las Indias extranjeros, ni pasen a ella tanta gente ruin, de mala vida, como hasta aquí han pasado en las naos merchantes.

Ítem, se debe mandar que todo el oro, plata (y) perlas que vinieren a las Indias que, como la nao que la trajere, llegada que sea, a las Forzadas, que está (a) siete leguas de Sevilla pueda el maestre descargarlo en un barco e irse con ello a la ciudad de Sevilla (y) así entregarlo a los oficiales, porque van en un día o en una noche y en menos tiempo. Y harto más aparejo tiene el maestre de hacer lo que quisiere, yendo en la nao, que llevarlo por esta orden y las dichas naos podrán ser visitadas por la orden acostumbrada cuando llegan a Sevilla, estando presente el capitán general, para que vean la visita que se les dio al partir y vean lo que se les toma. Y, a los que no lo hubieren cumplido, ejecute el capitán general en ellos la pena en que hubieren caído, tocante a la visita y navegación, y las demás, las castiguen los jueces como tienen de costumbre.

Ítem, que para mediados de marzo se ha de mandar a los jueces de la Casa de Contratación de Sevilla que tengan dados los registros a los maestres que han de partir con la flota que ha de salir a primero de abril y que, el capitán general, visite las dichas naos de la flota si van como conviene, pues, las ha de llevar a su cargo. Y verá si tiene las cosas necesarias que les fue echado por la visita y, al que no la tuviere, ponerles pena que las lleve o, en defecto de las no tener, dejarle en el puerto y por la mar, allegado al primer puerto ver si han cumplido lo que les fue mandado por la visita y, al que hubiese caído en la pena, ejecutadle.

Ítem, el que fuere capitán general no ha de ser prohibido por un viaje sino que diga la cédula por el tiempo que Su Majestad fuere servido para que los maestres le tengan más temor y amor y respeto porque, como dicen que es por un viaje, será ocasión que sean atrevidos y desvergonzados y para que no se aparten de la capitana, que lo suelen hacer muy desvergonzadamente con ver que, llegados a Sevilla, no es parte para los castigar van se por donde quieren. Para esto, el que fuere capitán general por el tiempo que Su Majestad fuese servido, ha de tener en la tierra el mismo poder que tuvo en la mar, para castigar la gente de mar que fue y vino en la flota por el delito que hizo en la mar. Y han de ser ejecutadas las ordenanzas tocantes a la navegación que consta orden, ellos tendrán el amor y temor necesario para que no se aparten y anden como conviene.

Y en los jueces de la Casa de Contratación de Sevilla no han de ser jueces del capitán general sino fuere para, con acuerdo del prior y cónsules, (que) hagan la instrucción de lo que el dicho capitán general ha de hacer en el viaje. Y lo han de enviar a Su Majestad para que lo mande y firme porque será causa que las justicias de las Indias den más favor y ayuda para que las naos se descarguen con más presteza

y brevedad porque, en ir firmadas de los jueces, las dichas instrucciones no estiman ni favorecen las justicias que están en los puertos de
las Indias a los dichos generales para que con brevedad despachen las
flotas ni los maestres tienen tanto respeto a su general como debían
tener. Y, si los dichos jueces de la Casa de Contratación son infor-
mados que el capitán general que fuere con la dicha flota hace lo que
no debe en alguna cosa, así en la visita principal de las naos o como
la que hace en Sanlúcar o en el dicho viaje a la ida o a la venida, o
disimulación de algún maestre o piloto no ejecutando las ordenanzas
que, en tal caso, pueden hacer información y enviarla al Real Consejo
de Indias para que, si el capitán general hiciere lo que no debe, Su
Majestad le mande castigar.

Ítem, todas las veces que viniere el tiempo que las flotas han de
partir que es, como tengo dicho, la una, a primero de abril y la otra,
a primero de octubre, como el general quiera salir podrá ser cierta-
mente para entonces, habiendo tiempo, y los navíos podrán salir de
todas aguas muertas que como él se embarque en la nao que le pare-
ciere con su persona y criados, y su almirante en otra, y se saliere la
barra de Sanlúcar, mandando a los navíos que tuvieren los registros
sigan la bandera, no hay mas para que esperar y al que no estuviere
preso está cierto que de ahí a seis meses no habrá flota. Y este tal que
se quedare, aunque de ahí a quince días esté presto para poder partir,
en ninguna manera se le ha de dar licencia para poder ir solo, sino
que espere la primera flota que saliere que si se abre la puerta para
uno todos pretenderán lo mismo y es hacer mucho daño a los mercaderes y desordenar las flotas. Y esto se debe guardar mucho para
que entiendan todos que han de estar prestos para el día señalado que
la flota hubiere de salir y, el que no lo estuviere, que ha de aguardar
la flota venidera. Que como todos vean que esto se ejecuta y guarda,
todos se aparejarán para ir con sus flotas en conserva y dudo que
por su voluntad se aparte ningún maestre, ni piloto de la capitana,

entendiendo que, venidos a Sevilla, su gente les puede castigar como en la mar. Y, este temor, les hará no ser desvergonzados como hasta aquí y tener todo temor y amor a su general.

Ítem, el que fuere capitán general ha de llevar, para traer la autoridad que el oficio requiere y para poder ejecutar la ejecución (sic) de la justicia, los oficiales siguientes: ocho gentiles hombres y seis alabarderos y cuatro trompetas, un alférez, un sargento, un alguacil real, un clérigo, un cirujano, un pífano y un atambor, que es todo veinticinco personas. Y, el almirante, ha de llevar hasta doce para que, al tiempo que se apartare la flota de Nueva España o de la Tierra Firme, se quede alguna autoridad para que le tengan el respeto necesario, porque el cirujano y el clérigo sirven a toda el armada y el alguacil real no se puede ejecutar justicia sin él, y el alférez y el sargento, de estar en ausencia de el general, ordinariamente en los navíos el atambor y el pífano no se puede excusar y las trompetas excusan mucha pólvora. Y los gentiles hombres, son para que muchas hay pasiones entre maestres y pilotos en los navíos, sea uno de estos por capitán. Y, los alabarderos son para guaerdar la persona del que fuere general y, cualquiera nao de las que estuvieren cargadas, holgará de llevar al dicho capitán general con sus oficiales dentro de ella, sin que le paguen ningún sueldo. Y, con esta orden, me parece que se navegará en la carrera de las Indias con más seguridad y brevedad y la hacienda de Su Majestad y particulares será más aprovechada e irá (a) hibernar más segura. Y de todo esto, si se provee, recibirán gran merced y contentamiento todos los que navegan y tratan en la Carrera de las Indias que no habrá ninguno que lo contradiga y el prior y cónsules desean que se haga.

Ítem, de Portugal van muchas carabelas y navíos a las Indias y cargan las mercaderías de las que les parece que puede haber más interés y van se a las islas de Canarias y toman algunos vinos y hacen sus registros y van se camino de las islas de Santo Domingo o de Puerto

Rico o de Cuba. Estos navíos llevan todos los marineros extranjeros y pasajeros por marineros y van sin visitarles los navíos y no llevan ninguna artillería, ni defensa para con el enemigo. Y, así, cualquier francés que ande en las Indias los toman, como no hallan en ellos ninguna defensa y vuelven estos navíos cargados de azúcares y cueros a Portugal y a Sevilla y Cádiz y, por el ocasión que estos dan a que los enemigos los puedan tomar, por no traer armas defensivas ni ofensivas, de codicia los franceses (han) de ir a las Indias a robar porque están ciertos harán presas y, cuando las mercaderías en estas dichas islas no tienen buen valor, los cargan en otros navíos que andan al trato, haciendo allí su registro para Tierra Firme u Honduras o Nueva España a las partes que les parecen valen más y tienen sus compañías secretas. Y, lo procedido de todo esto, envían a las islas de las Azores y a Portugal y a mercaderes de Sevilla y, por esta orden, entra en Portugal cada año mucha hacienda. Y a la vez, el maestre que trae este dinero a cargo, arriba a las Azores o a Portugal, fingiendo que el tiempo fue la causa. Y van y vienen a las Indias cuando quieren, sin aguardar flota, lo que no hacen ni podrán los de Sevilla. El remedio que en esto me parece se debe tener es lo siguiente:

Ítem, que por el bien de las islas de Santo Domingo y Puerto Rico y Cuba y por el de las islas de Canarias, puedan cargar todas las mercaderías que en ellas hay para las dichas islas y que de una para otras pudiesen tratarse y contratarse estas dichas mercaderías, gastándose y consumiéndose en las dichas islas de Santo Domingo o Puerto Rico o Cuba para Tierra Firme o Nueva España u otras partes las tengan perdidas con el valor del cuatro tanto. Y, de esta manera, serán (a) bastecidas las dichas islas de bastimentos baratos y se poblarán de más gente y los vecinos que en ellas viviesen tendrán harto más contentos. Digo los comunes, porque los ricos son los que más compran y las envían a vender a las partes de Tierra Firme o Nueva España u Honduras que tienen más valor. Y, si esto no se remedia de esta manera, aunque vayan muchas mercaderías a las dichas islas no por eso dejarán de valer muy caras por la saca que suelen tener.

Ítem, todos los navíos que hubieren de cargas en las islas de Canarias para las Indias han de ser visitados en la ciudad de Sevilla, conforme a las ordenanzas de la Casa de Contratación y que el maestre dé fianzas en la ciudad de Sevilla que no partirá de las islas Canarias sin cumplir la visita que el capitán general le diere en la ciudad de Sevilla y que en la ida y vuelta cumplirá las ordenanzas de la dicha Casa y que, volviendo a España, aunque arribe a Portugal, vendrá con el registro a la ciudad de Sevilla para que, cuando éste no cumpliere lo susodicho, ejecuten en su fiador. Y que todos los otros navíos que navegaren en la Carrera de las Indias, no habiendo cargado en Cádiz, y habiendo cargado en otra cualquier parte, puedan ser tomadas y perdidas las mercaderías y prender sus personas y echarlos a galeras perpetuamente y esto me parece se debe remediar porque hay grande desolución (sic) en ello. Y a las islas de Canarias y Santo Domingo y Puerto Rico y Cubas (sic) será hacerlas gran merced y que, las justicias de las Indias o el que fuere capitán general de la flota o cualquier de ellos, pueda ejecutar la ordenanza que se les pusiere.

Ítem, me parece que el remedio más acertado que se puede tener para que los navíos anden en toda España muy en orden y seguros de franceses y tormentas, que navegasen hombres naturales de honra y de hecho y muchos hijosdalgo. Que debería Su Majestad mandar que, en todos sus reinos, no se pudiese asegurar ningún navío de tormenta, ni franceses y otro ningún peligro y que las mercaderías las pudiesen (a)segurar sus dueños, de todos peligros si no fuese de corsarios para que el mercader trabajase de buscar navío bien armado y con gente de hecho. Y el maestre procurara de entrar en la mar con navíos para sufrir toda tormenta y con buenos marineros y buena artillería y municiones que esto les ha de valer para salvar sus haciendas. Y, si esto se mandase, antes de veinte años que hubiese paces, que hubiese guerras, sería la nación española por la mar los mejores guerreros del mundo y los franceses y otras naciones tendrán harto que hacer en andar seguro, navegando en sus tierras, sin venir a robar en las ajenas.

Hasta aquí el Memorial de Organización de las Flotas tal como lo dejó escrito y presentó el Adelantado de la Florida, Don Pedro Menéndez de Avilés, Mariscal de Campo de los Reales Ejércitos, Comendador de la Orden de Santiago en Toledo, Capitán General de la Flota de la Carrera de Indias, Capitán General de la Escuadra del Mar Océano, Capitán General de la Gran Armada.

Archivo General de Simancas (AGS). Consejo de Castilla 46, doc. 38

LA RELACIÓN DEL CAPITÁN JUAN PARDO DE LA ENTRADA Y DE LA CONQUISTA QUE POR MANDADO DE PEDRO MENÉNDEZ DE AVILÉS HIZO EN 1565 EN EL INTERIOR DE LA FLORIDA EL CAPITÁN JUAN PARDO, ESCRITA POR ÉL MISMO.

Llegó el Adelantado Pero Menéndez de Avilés el año 1566 á la cibdad de Santa Elena, á donde me mandó yo tornase á proseguir la jornada, y que me partiese el primer día de Setiembre del dicho año, y que donde me demandasen algunos cristianos para doctrinar los yndios, los diese; y así yo me partí el primero día de Setiembre. Ya tengo dicho que no hago mincion de las quarenta leguas, por ser la tierra como es. Y así por mis jornadas llegué a Guiomae, á donde hallé muy buen recibimiento y una casa hecha para Su Magestad, que se la avia mandado hazer cuando pasé; aviendo estado ay dos días, me partí y llegué en otros dos á Canos, á donde hallé mucha cantidad de yndios y caziques, y les torné á hablar de parte de Su Santidad y de Su Magestad.

De aquí me partí y fui a Tagaya, y hize el propio parlamento y respondieron questavan prestos como lo abian prometido la primera bez. Otro dia llegué a Tagaya Chico, y hize el propio parlamento, y respondieron que estavan prestos como la primera bez. De ay fui á Recuchi, y hize juntar los indios y caziques y les hize el propio parlamento, y dixeron questavan prestos como la primera bez. Otro día me partí y fui á un despoblado.

Otro día me partí y fui á Quatariaatiqui, á donde hallé cantidad ded yndios y cazicas, á donde les hize el parlamento acostumbrado, y respondieron questavan prestos como la primerz bez, de estar debajo del dominio de Su Santidad y de Su Magestad. Otro dia me partí y fui a Quirotoqui, y junté los yndios y caziques y les hize el parlamento acostumbrado y respondieron questavan, como la primera bez, debajo del dominio de Su Santidad y de Su Magestad. Otro dia fuy á un despoblado, y toda esta tierra que tengo dicha es muy buena. Otro dia bine á otro despoblado, y es tierra muy buena. Otro día llegué á Juada, donde hallé que el Sarjento Boyano era ido del fuerte donde yo le habia dexado y los soldados, y que le tenían cercado los yndios; y con esta nueva yo hize el parlamento al dicho Juada y sus yndios acostumbrado, y ellos respondieron questavan prestos de cumplir como la primera bez, debajo del dominio de Su Santidad y de Su Magestad; y así yo me partí luego y pasé la sierra en quatro días de despoblado, á donde llegué a Tocalques, un pueblo muy bueno, y tiene ls casas de madera, y allí avia gran cantidad de yndios y caziques, y les hize el parlamento de parte de Su Santidad y de Su Magestad acostumbrado, y ellos respondieron que querian ser cristianos y tener por Señor á Su Magestad; aquí estube quatro días, por que entendí que los yndios que se davan por enemigos eran ya amigos, entendiendo como yo iba. Y otro día me partí y fui á un despoblado, y otro día ansí mesmo. Otro dia llegué á Tanasqui, á donde tiene un rio cavdal, y el pueblo esta cercado por vna parte de muralla y sus torriones y traveses, á donde hize juntar todos los yndios y caziques y les hize el parlamento acostumbrado, y respondieron questavan prestos para hacer lo que Su Santidad y Su Magestad mandavan; esta tierra es muy buena, y creo que ay metales de oro y plata. Otro día me partí y llegué á Chihaque, por otro nombre se llama Lameco, a donde hallé al Sarjento Boyano y á los soldados; á donde me contaron de cómo los havian tenido apartados los yndios, y ansi yo hize juntar todos los yndios y caziques y les hize el parlamento

de parte de Su Santidad y de Su Magestad, y ellos quedaron debaxo del
dominio de Su Santidad y de Su Magestad, como en los demas; aquí
estube diez o doce días para que la gente descansase, á donde supe
por los yndios amigos como me estavan aguardando en un paso 6 ó
7.000 yndios, donde era Carrosa y Chisca y Costeheycoza; y con todo
esto, yo determiné de proseguir my camino, y me party la buelta de
las Zacatecas y minas de San Martin; camine tres dias de despoblado,
á donde á cabo de los tres dias llegué á un pueblo que no me acuerdo
del nombre y junté los caziques e yndios y les hize el parlamento acostumbrado, y me respondieron questavan prestos de hazer lo que Su
Santidad y Su Magestad mandavan, y que querian ser cristianos; esta
tierra es muy buena y creo ay metales en ella de oro y plata.

Otro dia me partí y llegué á Satapo, á donde hallé mucha cantidad de
yndios, y allí no fui bien rescebido conforme y como hasta allí me avian
rescebido, por que el cazique se negó; y así yo llamé á la junta para deci-
lles lo que les cumplia de parte de Dios y de S. M., y se allegaron pocos,
aviendo muchos, y no respondieron cosa ninguna, sino antes se reian,
y avía muchos dellos que nos entendian; y así aquella noche binieron
á mí las lenguas á dezirme que no yirian conmigo por que savian que
avia gran cantidad de yndios aguardándome para degollarme á mí y a
los míos; y ansi mesmo vino un yndio del propio pueblo y me dixo que
le dise una hacha y que me diria una cosa que me enportaba mucho; y
ansi yo se la di, y él me contó de cómo los yndios de Chisca y Carrosa y
Costeheycoza nos estavan aguardando una jornada de allí, y que eran
ciento y tantos caziques, y tienen competiencia parte dellos con los de
Zacatecas; y yo, viendo esto, junté mis Oficiales y entramos en nuestro
consejo, y hallamos que ya que nosotros rompiésemos los enemigos, no
podíamos ganar nada por cavsa de las vetuallas, que nos las davan ellos
propios, y así determinamos de encomendallo á Dios y dar la buelta, á
donde bolvimos en quatro dias á Lameco, que tiene por otro nombre
Chiaha; y toda esta tierra, como tengo dicho, es muy buena; á donde en

Lameco es de parecer de todos y mio de hazer un fuerte para que si S. M. fuere servido de proseguir la jornada se hallase aquel ganado, y fue de parescer de todos como dicho tengo; y ansi quedaron alli un cabo de esquadra y treynta soldados, con provision y municion; á cavo de quince dias questo fue hecho, me partí y llegué á Cauchi, á donde vine siempre por despoblado, á donde el cazique demandó cristianos para que los doctrinase, y de parescer de todos le quedaron doze soldados y un cabo desquadra en una fuerça que se hizo en ocho dias, quedándole su pólvora y municion. De ay volví á Tocae en dos dias, á donde les torné á hablar á los dichos caziques é yndios, y todos estavan que obedezian a Su Santidad y á Su Magestad; aviendo estado aquí dos dias, me partí para Juada y pasé la tierra en quatro días, á donde hallé mucha junta de yndios y les hize el parlamento acostumbrado, y dijeron que estavan prestos de hazer lo que avian prometido, y allí dexé á mi Alferez Alberto Escudero con treynta soldados, para que tubiese quenta con el dicho fuerte questaba hecho en el dicho pueblo, para que desde allí diese calor á los demas soldados que quedavan de aquella parte de la sierra; y aviendo estado diez dias en Juada, como dicho tengo, me partí la buelta de Guatari y estuve quatro dias en llegar, á donde hallé los yndios y caziques juntos y les hize el parlamento acostumbrado, y respondieron questavan prestos de hazer lo que mandava Su Santidad y Su Magestad, y mes demandaron que les dexase cristianos; y así, hize un fuerte, á donde dexé 17 soldados y un cavo desquadra con ellos, á donde en este tiempo me detube en el dicho Guatari diez y seis ó diez y siete dias, poco mas ó menos; y biendo que se concluia el término que me dio el Adelantado Pero Menendez de Avilés, me partí la buelta de Santa Elena por mis jornadas. Esta tierra, como tengo dicho, Guatari, es una de las buenas tierras que ay en el mundo, y que tengo hecha relacion en la primera jornada desde Guatari hasta Santa Elena no lo hago en esta por la prolegidad.- Juan Pardo.- (Hay una rúbrica.)[153]

---

153. Archivo General de Indias (AGI). Real Patronato, Est. 1, Caja 1, Legajos 1-19

LA SUCESIÓN DE PEDRO MENÉNDEZ DE AVILÉS

Relación de los Condes de Canalejas, 1675-1999
Creación por Carlos III

	Titular	Período
I	Gabriel Menéndez de Avilés y Porres	1675-1692
II	Pedro José Menéndez de Avilés Porres y Villela	1692-c.1715
III	María Catalina Menéndez de Avilés y Bañuelos	c.1715-1747
IV	Ana Antonia Suárez de Góngora y Menéndez de Avilés	1748-1776
V	Pedro Francisco de Luján y Góngora	1776-1794
VI	María Rafaela de Góngora y Luján	1794-1794
VII	Gilaberta Carroz de Centelles (olim Josefa Dominga Catalá de Valeriola Luján y Góngora)	1795-1814
VIII	Benita de Inclán Valdés y Mier	1821-a.1830
IX	Álvaro de Valdés e Inclán	1830-1840
X	María del Rosario de Valdés y Ramírez de Jove	1840-1850
«XI»	Álvaro José de Armada y Valdés	1850-1852
XI	Pedro de Armada y Valdés	1852-1864
«XII»	Pablo de Armada y Fernández de Heredia	1864-c.1880
XII	Ramón de Armada y Fernández de Heredia	1883-1934
XIII	María del Carmen de Armada y Quiroga	1951-1955
XIV	Antonio Pérez de Armada	1956-1989
XV	Ramón Pérez de Armada	1991-1993
XVI	Paloma Bela y Rodríguez de Zabaleta	1999-actual

Historia genealógica

Antecesores: Adelantados de la Florida

Fundó este mayorazgo Pedro Menéndez de Avilés, conquistador y I Adelantado perpetuo de la Florida, por su testamento otorgado el 7 de enero de 1574 en Sanlúcar de Barrameda y legalizado posteriormente en Santander, donde murió el 19 de mayo del mismo año. Incluía el adelantamiento de dicha provincia, concedido al fundador por el Rey Felipe II en las Capitulaciones otorgadas en Madrid el 20 de marzo de 1565.

Origen de los Menéndez de Avilés

El historiador y genealogista Francisco Mellén Blanco, minucioso investigador de la figura y familia de Pedro Menéndez de Avilés, apunta como origen de su varonía al linaje de Valdés. En el actual estado de la cuestión esto no pasa de ser una hipótesis, pero merece consignarse aquí con los indicios que la abonan:

Tanto Pedro Menéndez como su hermano mayor, Álvaro Sánchez, figuran con frecuencia en su juventud con el apellido Valdés (precedido del respectivo patronímico). Y Bartolomé lo usó toda su vida.

Consta también que utilizaban las armas de Valdés.

El genealogista José Manuel Trelles Villademoros, al escribir sobre los Valdés, señala que Pedro Menéndez provenía de la casa de Valdés de Manzaneda.

El abuelo del primer adelantado fue:

Álvaro Sánchez de Avilés

Casó con María González Cascos

Alonso Álvarez de Avilés o Juan Alfonso Sánchez (o Álvarez) de Avilés (-c.1527), poseedor de la citada casa de Doña Palla (Paya). Sirvió a los Reyes Católicos en la Guerra de Granada y murió prematuramente hacia 1527.

Fue su mujer María Alonso de Arango, natural del concejo de Pravia, que tras enviudar casó en segundas nupcias con Juan Martínez de Cudillero *el Viejo* (de quien tuvo también descendencia, que se expondrá más abajo). Era hija de Juan Alonso de la Campa y de Elvira Menéndez de Arango, naturales también del concejo de Pravia.8 De este matrimonio nacieron los siguientes hijos:

Álvaro Sánchez de Avilés, el primogénito, de quien se hablará más abajo. Originó la línea en que recayó el adelantamiento de la Florida al extinguirse la descendencia del primer adelantado, y que fue agraciada con el condado de Canalejas.

Bartolomé Menéndez de Valdés o de Arango, que acompañó a su hermano Pedro en sus expediciones y estuvo preso con él en Sevilla año de 1565. Fue Gobernador y Alcalde de la ciudad y fuerte de San Agustín de la Florida. Por Real Cédula dada en Laredo el 9 de septiembre de 1559, Don Felipe II le nombró Capitán ordinario de mar, con sueldo de 30.000 maravedís. Y por otra del 20 de abril de 1574, el mismo Rey le mandó hacer una leva de 150 a 200 hombres en la villa de Avilés, ciudad de Oviedo y demás pueblos del Principado para la armada que estaba reuniendo el Adelantado en la villa de Santander, nombrándole Capitán de la gente que juntase. A principios de la última década del siglo XVI, residía en el lugar de Heros (arrabal de la villa de Avilés, hoy perteneciente a la parroquia de Miranda), y estaba casado con María de Alvarado, de la que tuvo tres hijos:

Pedro Menéndez de Alvarado,

Diego Menéndez de Alvarado,

y María de Alvarado o de Valdés. En 1593, los tres eran vecinos del concejo de Pravia y residentes en la corte.

Diego Menéndez de Avilés, que murió al servicio de S.M. en las guerras de Flandes.

Juan Menéndez de Avilés, que también murió sirviendo en Flandes.

Y Pedro Menéndez de Avilés, que sigue.

El primer Adelantado y su descendencia (extinta)

Pedro Menéndez de Avilés, conquistador, Capitán General y I Adelantado Mayor de la Florida, Gobernador de la isla de Cuba, General de la Armada de la Carrera de Indias, caballero de Santiago y Comendador de Santa Cruz de Zarza,

Nunca tuvo tratamiento de Don

Nació en la villa de Avilés el 15 de febrero de 1519.

A los catorce o quince años debió de enrolarse por primera vez como grumete de un barco en algún puerto del Cantábrico.

Atravesó trece veces el Atlántico en viajes de ida y vuelta, siendo el segundo marino que más veces lo hizo en el siglo XVI (después de Juan Gutiérrez Garibay, también general de la Carrera de Indias, con dieciséis travesías).

En 1565 estuvo preso en Sevilla, junto con su hermano Bartolomé.

Últimas disposiciones

En 1568 otorgó testamento cerrado en Cádiz, en poder y casa de Pedro del Castillo, por el que fundaba mayorazgo con Facultad Real del mismo año, y llamaba en primer lugar a gozarlo a su hija Ana, casada con Pedro de Valdés. Imponía la condición de que los poseedores se apellidarían alternativamente Menéndez de Avilés y Menéndez de Valdés. Y en segundo lugar llamaba a su hermano Álvaro Sánchez de Avilés. Por entonces ya había muerto su primogénito y había entrado monja su hija María, y a Catalina la desheredaba por haber casado sin su consentimiento. De este testamento tenemos noticias por declaraciones de testigos pero no apareció nunca, pues Pedro del Castillo lo destruyó por orden del Adelantado cuando éste le otorgó poder para testar en 1574.

Otorgó escritura de poder para testar en Sanlúcar de Barrameda el 7 de enero de 1574, ocho meses antes de su muerte, por la que apoderaba para hacerlo a Pedro del Castillo, vecino de Cádiz. Por esta escritura fundaba mayorazgo con la misma Facultad Real. Llamaba en primer lugar a poseerlo a su hija Catalina, y en segundo lugar a su sobrino nieto Pedro Menéndez de Avilés (nieto de su difunto hermano Álvaro Sánchez), y señalaba para integrarlo el grueso de sus bienes

con inclusión de las mercedes que le hiciera S.M. en las provincias de la Florida, anejas a su descubrimiento y población, exceptuando las veinte y cinco leguas en cuadro concedidas por el mismo asiento, y el título ofrecido de Marqués, que debía disfrutarlos su hija natural Doña María, mujer de D. Diego Velasco, llamada en tercer lugar, con la cláusula de pasar a vivir con su marido a la Florida.

Por entonces ya había muerto trágicamente su hija Ana.

Y testó de nuevo en Santander ante Pedro Ceballos, ratificando el anterior, el 15 de septiembre de 1574, dos días antes de su muerte, siendo Capitán General de la armada que allí se juntaba. En este documento cometió un grave error el testador, pues se remitía a su anterior testamento cerrado hecho en Cádiz y en poder de Pedro del Castillo, aunque parece que su intención era referirse al poder para testar hecho en Sanlúcar a favor de dicho Pedro del Castillo. Esto daría pie a que más tarde su hija Catalina impugnase todas las disposiciones del Adelantado.

Matrimonio e hijos

En 1528 se capituló casarle con María de Solís y Cascos, su pariente en 4° grado, que tenía entonces once años de edad, dos más que él, y que trajo en dote la hacienda de Illas, un prado junto a Avilés y la *llosa del Barancel*. Esta señora hizo un testamento el 19 de octubre de 1570 y volvió a testar siendo viuda el 13 de noviembre de 1594 en Molleda, concejo de Corvera, ante Diego Flórez. En éste fundaba un aniversario perpetuo de una misa cantada con vísperas en el convento de San Francisco de Avilés, día de Nuestra Señora de septiembre; pedía ser enterrada, si la justicia y regimiento de dicha villa accediese a ello, debajo de donde lo estaba su marido, en el coro de la parroquial de San Nicolás; en tal caso mandaba a la fábrica de dicha iglesia cuatro ducados de renta anual situados sobre la hacienda de Illas, y nombraba por única y universal heredera a su hija Catalina. En 1571 pasó a la Florida junto con María Menéndez, su hijastra, y el marido de ésta, para instalarse allí definitivamente, pero al morir el Adelantado regresó a España para cobrar y litigar su herencia. Sobre esta partición tuvo un pleito con Hernando de Miranda, su yerno, en el que se dictó ejecutoria el 20 de diciembre de 1581. Era hija de Juan González de Avilés y de Catalina de Solís.

De este matrimonio nacieron:

Juan Menéndez de Avilés, Gentilhombre de S.M. Fue el único hijo varón y por tanto inmediato sucesor del Adelantado, a quien acompañó desde muy joven en sus viajes. Murió mozo en 1563, víctima de un naufragio en aguas de las Bermudas, cuando volvía de la Nueva España al mando de una flota. El dolor por esta pérdida ensombreció a su padre durante el resto de su vida, sin que perdiera la esperanza de encontrarle con vida en poder de alguna tribu indígena.

Ana María Menéndez de Avilés, que por muerte del varón se convirtió en inmediata sucesora del Adelantado. Casó en 1568, con Real Licencia del año anterior[27] y previas capitulaciones del 24 de marzo de 1565, con el General Don Pedro de Valdés, caballero principal del concejo de Gijón.

El Adelantado apreciaba mucho a este militar que servía a sus órdenes: en 1565 le dejó por lugarteniente suyo en la Florida, y a raíz de la boda fundó mayorazgo en cabeza del nuevo matrimonio, con la condición de que los poseedores se apellidarían alternativamente Menéndez de Avilés y Menéndez de Valdés. Pero a los dos meses y medio de casados, y habiéndose ausentado ya el marido al servicio de S.M., esta señora fue muerta violentamente por zelo de su honra. Por este crimen se condenó a su suegro y a un cuñado a morir decapitados y perder la mitad de sus bienes en favor de la familia Menéndez de

Avilés. La tragedia se abatía de nuevo sobre el Adelantado y volvía a truncar sus planes de sucesión para la casa y mayorazgo que pretendía fundar. Don Pedro de Valdés fue señor de la casa de su apellido del lugar de <u>Contrueces</u> y parroquia de <u>San Julián de Roces</u>, concejo de Gijón, donde nació en 1541 y testó el 9 de marzo de 1615. Vistió el hábito de Santiago desde 1566 y fue Comendador de Oreja, Maestre de Campo en La Florida, Almirante de la Carrera de Indias, Gobernador de la isla de Cuba, y General de la Escuadra de Andalucía, una de las diez que formaban la Armada Invencible en la Jornada de Inglaterra (1588). Allí fue capturado y estuvo siete años preso en la Torre de Londres. Era hijo y sucesor de Juan de Valdés de Villar el Mozo, natural de Gijón, Familiar del Santo Oficio, condenado por el asesinato de su nuera y ejecutado en Oviedo, y de Teresa Menéndez de Labandera, nacida en la parroquia de Roces, que otorgaron testamento mancomunado el 29 de enero de 1564 en su casa de Contrueces, por el que fundaban vínculo de sus bienes con Real Facultad dada el 1.° de enero de 1562. El inventario de estos bienes se hizo en 1572. Curiosamente, andando el tiempo la casa de Avilés Canalejas recaería en los Valdés de Gijón, descendientes de Don Pedro, como se expondrá más abajo.

Catalina Menéndez, que sigue,

Y María Menéndez de Avilés, que entró monja antes de 1568 en el monasterio de las Huelgas Reales de Avilés, habiendo renunciado a sus legítimas. Después de los días del Adelantado, este monasterio también pleiteó por sus bienes en representación de esta señora.

de Avilés, que sigue,

Además, fruto de su relación con una moza de Avilés cuyo nombre se ignora, el Adelantado tuvo por hija natural a otra

María Menéndez de Avilés, que era la mayor de sus hijos pues nació antes del casamiento de su padre. En 1571 pasó a la Florida en compañía de su marido y madrastra, con intención de instalarse allí definitivamente.

Línea de Catalina Menéndez de Avilés

Catalina Menéndez de Avilés nació hacia 1547. Contrajo su primer matrimonio hacia 1565 sin permiso de su padre, quien por ello la desheredaba en su testamento de 1568. Pero tras la muerte de su hermana Ana, y habiéndose reconciliado con el Adelantado, éste la llamaba en primer lugar a poseer el mayorazgo y adelantamiento en sus disposiciones de 1574. Ese mismo año entró a poseerlo por muerte de su padre, y Hernando de Miranda, su marido, se convertía en II adelantado. Al mando de la casa, este hombre codicioso y destemplado actuó con despotismo y rapacidad en el gobierno de la Florida e inició numerosos pleitos sobre la herencia de Pedro Menéndez de Avilés.

Su primer marido fue, como se ha dicho, Hernando de Miranda, natural de San Tirso de Candamo, Factor de S.M. en la Florida, hijo de Sancho de Miranda, señor de Valdecarzana y más vasallos en el principado, que sirvió al Emperador en las guerras de Francia y otras campañas, y de Leonor de las Alas, enterrados en la Colegiata de San Pedro de Teverga; nieto de Lope (Fernández) de Miranda *el Viejo*, señor de Valdecarzana, que "sirvió con su persona y mucho número de parientes y vassallos a los Señores Reyes Católicos en la Guerra de Granada", y de Urraca de Ron e Ibias, su primera mujer, señora del coto de Sena en el concejo de Ibias, y materno de Hernando de las Alas *el Viejo*, Continuo de la casa de los Reyes Católicos, señor de la casa de su apellido en Avilés, Alférez Mayor de esta villa y Alcaide del castillo de San Juan de Nieva, que sirvió al Emperador con dos naves propias para pasar a Italia y a la Jornada de Túnez, y de Capitán en las guerras con Francia, y de Catalina de Quirós, su mujer, fundadores del monasterio de Nuestra Señora de la Merced de Raíces en el concejo de Castrillón, donde recibieron sepultura. Catalina enviudó en 1593 y casó en segundas nupcias hacia 1600 con Hernando de las Alas, regidor perpetuo de Avilés, primo carnal del primero y que también se tituló Adelantado de la Florida. Este señor pretendió sin éxito el gobierno de dicha provincia, y siguió con los pleitos. Era hermano de Alonso y Pedro Estébanez de las Alas, Capitanes los tres de la Carrera de Indias, e hijos de Fernando Manso de Avilés y de Isabel de las Alas, que era hermana de Leonor de las Alas, ya citada, y del General de la Carrera de Indias Martín de las Alas, señor de esta casa, Alférez Mayor de Avilés, Gobernador y Capitán General de Santa Marta y de Cartagena de Indias, donde murió. Nieto materno de Hernando de las Alas *el Viejo* y de Catalina de Quirós, ya citados.

El segundo matrimonio de Catalina fue infecundo. Del primero tuvo por hija única a

Toribia Menéndez Valdés o Menéndez de Miranda,

Sus hermanos uterinos y prole de ellos

Como queda dicho, María Alonso de Arango, la madre de Pedro Menéndez de Avilés, casó en segundas nupcias con Juan Martínez de Cudillero, llamado *el Viejo*, vecino de Sabugo y que también poseía varias casas en Cudillero. Fruto de este matrimonio, el Adelantado tuvo los siguientes hermanos uterinos:

1.ª, *Catalina González de Arango*, casada hacia 1542 con Martín de Quirós, natural de Pravia, señor de la casa de Cuervo de San Román de Candamo, que falleció a finales de 1572. Era hijo y sucesor de Fernando Menéndez de Arango y de Aldonza de Omaña, y provenía por línea agnada y sacrílega de los Cuervo Arango de Pravia. Tuvieron once hijos: Martín de Quirós, que como primogénito sucedió en la casa. Acompañó a su tío el Adelantado en la conquista de la Florida, donde fue Tesorero Real. El 9 de febrero de 1580 elevó memorial solicitando a S.M. la plaza de Capitán de su Galera Capitana o el oficio de Tesorero o Proveedor de las galeras. Debió de morir mozo poco después, y tras él poseyeron la casa sucesivamente los cuatro siguientes:

Luis Cuervo,

Juan de Quirós, que también fue con su tío a la Florida, y

Arias de Omaña, que murieron los tres sin descendencia,

y Pedro de Quirós, señor de la casa de San Román de Candamo, que casó en primeras nupcias con Leonor de Miranda y en segundas con María de Quirós. De esta tuvo por primogénito y sucesor a

Martín de Quirós, que casó con María de Carreño Falcón. Tuvieron descendencia en que siguieron la casa de San Román y un mayorazgo de Carreño que tocaba a esta señora, recayendo en la segunda casa de Valdés de Cangas de Tineo. Los Valdés de esta línea litigaron por la casa de Canalejas a principios del siglo XIX, y después fueron marqueses de Casa Valdés. Fernando Cuervo,

Catalina de Quirós, mujer de Juan Martínez de Ponte. Tuvo una hija llamada María de Quirós.

María de Arango,

Francisca de Quirós, que casó en 1565 o poco antes con el Doctor Gonzalo de Solís de Merás, compañero y cronista del Adelantado en la conquista de la Florida, autor del *Memorial* que se cita en la bibliografía como fuente principal sobre aquella gesta. Nació en Tineo hacia 1545 y murió entre 1587 y 1593, hijo de Pedro de Merás *el Viejo* y de María González de Solís. Tuvieron una hija llamada

María de Merás y Quirós, que casó con Francisco de Solís y Bernardo de Quirós, Alférez Mayor de Oviedo, señor de la torre de la Quintana de Ciaño, hijo de Pedro de Solís y la Rúa, poseedor de la misma casa y oficio, y de Leonor Bernardo de Quirós. Con posteridad en que siguió esta casa, recayendo en el siglo XIX en la de Carreño de Valdesoto y en los Vereterra, marqueses de Gastañaga.

María de Quirós, que casó con Juan de Arango,

y Aldonza de Omaña, que lo hizo con Alonso López de Tuña. Procrearon a

Fernando Cuervo y a

Pedro Menéndez.

2.ª, *Marina Alfonso de Arango*, que fue la segunda mujer de Simón de León, regidor de Avilés y del concejo de Gozón, patrono del Hospital y de la capilla de San Juan de dicha villa, viudo de Marquesa de Carreño e hijo de Pedro Rodríguez de León y de Leonor de Quirós Valdés, su primera mujer. Estos León descendían por mujer de los Rodríguez (o Alonso) de León de la casa de Trasona, pero tenían varonía González de Oviedo. De este matrimonio nacieron ocho hijos:

El Capitán Batolomé de León y Menéndez de Avilés, fundador del mayorazgo de Ferrera, "que sirvió en las guerras de Indias y en otras partes" y aunque dejó dos hijas naturales, en su testamento dispuso que con sus bienes se comprasen 1.100 ducados de juro, y los legaba con vínculo a su hermano Simón. También quedó agregado a este mayorazgo el patronato del Hospital de Avilés y de la capilla de San Juan, y los oficios perpetuos de regidor de Avilés y Depositario de Gozón (con vara de regidor).

Simón de León Quirós, primer poseedor del mayorazgo, que también sirvió a S.M. en Indias como Capitán. Parece que casó con Leonor de Peramoto, o con Leonor de Valdés, de los señores de Aguino y Perlunes. Pero murió sin hijos, dejando por heredero y sucesor a su hermano siguiente:

Pedro Alonso de León y Menéndez de Avilés, segundo poseedor del vínculo. Fue como los anteriores Capitán de la Carrera de Indias y sirvió en la Florida y en la Jornada de Inglaterra, donde se halló al mando de 108 soldados en la nave capitana del General Pedro de Valdés, yerno del Adelantado. Y obtuvo otros cargos y oficios durante el reinado de Felipe II. «En 1605 practicó con su hermana Doña Catalina la partición de la herencia de su padre y de la legítima de otros hermanos suyos». Casó con Mayor de Hevia y Estrada, hija de

Diego de Hevia *el Peco*, mayorazgo de la casa principal de su apellido en Villaviciosa y señor del coto de Poreño en el mismo concejo, y de Sancha de Estrada. Con prole. Su hijo

Pedro de León y Menéndez de Avilés fue tercer poseedor del mayorazgo fundado por su tío Sebastián y patrono del Hospital y Capilla de San Juan de Avilés. A mediados del XVII edificó en esta villa el palacio de Ferrera, que siguió en su descendencia recayendo en los Navia Arango, después marqueses de Ferrera.

Sebastián de León,

Catalina Alonso de León, mujer de Juan González Cascos, con posteridad.

Esteban de León,

Leonor de Quirós

y María de Arango, monjas ambas en las Huelgas de Avilés.

3.º, *Juan Martínez de Cudillero, el Mozo*, que casó dos veces. Su primera mujer fue Magdalena del Busto,[50] y la segunda Ana de León, de quien tuvo cinco hijos:

Pedro Martínez de León,

Domingo Martínez de León,

Juan Martínez de León,

María Martínez de León y

Eulalia Martínez de León, que ya era viuda en 1609 y aún vivía en 1627.

Y 4.ª, *María de Arango*, que casó con Rodrigo de las Alas *el Viejo*, señor de la primitiva casa de las Alas de Avilés y 9.º patrono o *padronero* de la Capilla de Santa María o de las Alas, aneja a la parroquial de San Nicolás de dicha villa, su regidor y Depositario General, que falleció en 1573, hijo de Nicolás de las Alas, poseedor de la misma casa y patronato, y de Sancha de Miranda, su primera mujer. Tuvieron por hijo a

Nicolás de las Alas *el Menor*, 10.º *padronero* de la Capilla, marido de Estébana de Cienfuegos, hija de Gutierre González de Cienfuegos, señor de Allande, caballero de Santiago, Corregidor de Salamanca, Medina del Campo, Granada y Burgos, y de María de Miranda y Alas, su segunda mujer, de los señores de Valdecarzana. De este matrimonio nacieron cinco hijos:

Gutierre de las Alas, el primogénito, que en 1603 pasó a la Nueva España como criado del Licenciado Pedro Juan de Longoria.

Rodrigo de las Alas, que con el nombre de Jerónimo entró monje benedictino en el monasterio de San Salvador de Oña. Testó el 25 de agosto de 1614 disponiendo que el patronato de la Capilla de las Alas quedase en su monasterio después de los días de sus hermanas Leonor y Escolástica.

Leonor de las Alas Miranda, que murió el 4 de noviembre de 1648 y fue enterrada en la Capilla de las Alas, de la que era padronera. Casó dos veces: primera en 1621 con Rodrigo Ponce de Miranda, regidor y Depositario General del concejo de Babia, Procurador en la Junta General del Principado por los de Somiedo y Miranda; y segunda vez casó en 1628 con Bartolomé de Miranda, regidor de Avilés, que también era viudo y la sobrevivió hasta el 10 de enero de 1678. Con prole del primero.

Esteban de las Alas, patrono de la capilla en 1626-27, colegial de San Pelayo en Salamanca y del Mayor de Santa Cruz en Valladolid, catedrático de esta Universidad.

Y Sancha de las Alas, que con el nombre de Escolástica entró monja en San Pelayo de Oviedo. Dejó por heredera a su prima Antonia de Argüelles Bandujo.

Además, Nicolás de las Alas *el Menor* tuvo dos hijos naturales, llamados:

Nicolás de las Alas, que pasó a Indias,

y Juan de las Alas, que murió el 20 de junio de 1640. Casó en San Nicolás de Avilés el 28 de noviembre de 1625 con Inés Martínez de Camina, con quien tuvo posteridad.

Línea de Álvaro Sánchez de Avilés

Extinguida la descendencia de Pedro Menéndez de Avilés, su mayorazgo y el adelantamiento de la Florida recayeron en la de su hermano mayor, que fue

Álvaro Sánchez de Avilés (-1559), señor de la casa de Doñapalla, testó en Valladolid el 9 de octubre de 1558 ante Francisco Cerón, murió al año siguiente y fue enterrado en Avilés.6

Su hijo primogénito fue

Pedro Menéndez Marques de Avilés

El padre del primer conde fue

Pedro Menéndez de Avilés (-1619), Gobernador, Capitán General y IV adelantado perpetuo de la Florida, III poseedor de la casa, regidor perpetuo de Avilés, caballero de Santiago. Testó en Valladolid el 18 de diciembre de 1618 ante Juan Bautista Guillén, agregando tercio y quinto al mayorazgo, y se mandó enterrar en la parroquial de San Nicolás de la villa de Avilés, con cuyo Ayuntamiento andaba en pleitos sobre el privilegio de sepultura en la capilla mayor de dicha iglesia. En 1619 se hizo inventario de sus bienes.

Casó en 1607 con Isabel de Porres y de la Peña, que testó en Oviedo a fe de Gabriel González del Valle, murió en 1623 y fue enterrada en la iglesia de la Compañía de Jesús de dicha ciudad. Era hermana de Felipe de Porres, señor de la casa de Porres del lugar del Condado en el valle y merindad de Valdivielso y de la torre de Termiñón en la de Bureba, todo en la actual provincia de Burgos, comendador de Adelfa en la Orden de Alcántara, Alcalde Mayor perpetuo de la ciudad de Burgos, Corregidor de las de Murcia, Lorca y Cartagena, del Consejo de Hacienda de S.M. y su Gentilhombre de Boca, el cual quedó por tutor de los hijos de su hermana. Hija de Martín de Porres, señor de esta casa, Corregidor de Cuenca y del Consejo de S.M. en la Contaduría Mayor de Hacienda, y de Isabel de la Peña; nieta de Juan de Porres, Acroy del Emperador y Tesorero Mayor de Vizcaya, y de Ana Manrique de Almotar, de los señores de Estepar, y materna de Andrés de la Peña, señor de la casa y torre de Termiñón, y de María Meléndez de Lerma. Fueron padres de

Álvaro Menéndez de Avilés y Porres, que sucedió a su padre en el mayorazgo pero no llegó a ser adelantado pues murió de edad de dieciséis años el 17 de agosto de 1624. Su testamento se abrió el mismo día a testimonio de Gabriel González del Valle,59 y fue enterrado en la iglesia de los Jesuitas de Oviedo, en la sepultura de su madre.

Martín Menéndez de Avilés y Porres, que sigue,

y Gabriel Menéndez de Avilés y Porres, el I conde de Canalejas, que seguirá.

Martín Menéndez de Avilés y Porres (c.1610/15-1660), V adelantado de la Florida, castellano de San Juan de Nieva y de la Torre de la Plaza de Avilés, Alcalde Mayor de esta villa, regidor de la ciudad de Oviedo y del concejo de Lena, caballero de Alcántara, Capitán de Caballos en Milán y Gobernador de varias plazas en Flandes, menino de la Infanta Doña Isabel Clara. En 1632, tras largos pleitos con el Ayuntamiento, se le perpetuó la sepultura donde yacía el primer adelantado en la parroquial de San Nicolás de Avilés. Murió sin descendencia año de 1660 bajo testamento hecho en Avilés el 30 de noviembre de 1659 ante Toribio Falcón, por el que agregaba sus bienes libres al mayorazgo de la casa de Porres del Condado en cabeza de Martín Antonio de Porres, su primo.

Casó con Leonor de Miranda Ponce de León, que murió viuda en Grado año de 1662. Era hermana de Sancho, el I marqués de Valdecarzana, e hija de Diego Fernández de Miranda y Ponce de León, señor de Valdecarzana y de otros cotos en Asturias, caballero de Santiago, y de Juana Osorio de Valdés y Estrada (hermana del Almirante

Juan Pardo y Osorio, caballero de Santiago, «muerto en Guetaria cuando el Francés quemó la Armada»); nieta de Lope de Miranda y Valdés, señor de Valdecarzana, Corregidor de Granada, y de Leonor Ponce de León y Miranda, su mujer y prima carnal, señora del coto de Muros, y materna del General Sancho Pardo de Donlebún Osorio y Lanzós, señor de la villa de las Figueras y casa de Donlebún en el concejo de Castropol, caballero de Santiago, y de Juana Manrique de Estrada, de los señores de la Vega del Sella.

Condes de la línea directa

El condado de Canalejas fue creado en favor de

Gabriel Menéndez de Avilés y Porres (c.1620-1692), *I conde de Canalejas*, VI adelantado de la Florida, castellano de San Juan de Nieva y de Avilés, regidor perpetuo de esta villa y de la ciudad de Oviedo, Comendador de la Orden de Alcántara, colegial del Mayor de San Bartolomé en Salamanca, Oidor en Granada, Consejero de Órdenes y Camarista de Indias. Nació hacia 1620, testó el 24 de abril de 1679, murió siendo dos veces viudo el 10 de julio de 1692 en sus casas de la calle Atocha de Madrid, y fue enterrado en la capilla de los Lujanes del convento franciscano de San Pedro el Viejo.

Casó primera vez el 16 de septiembre de 1655 en Madrid, parroquia de San Sebastián, con Isabel Antonia de Porres Villela y Manrique, su sobrina segunda, señora de las casas del Condado y Termiñón, natural de Madrid, que fue bautizada en dicha iglesia el 17 de julio de 1640, falleció el 1.º de marzo de 1674 en su casa de la calle de Atocha, de la misma feligresía, y fue enterrada en la Merced. Era hija y sucesora de Martín Antonio de Porres y Zorrilla, señor de dichas casas, caballero de Alcántara y Corregidor de Ávila (arriba citado como heredero de los bienes libres del V adelantado), y de Luisa de Villela y Manrique, su mujer y prima carnal, que era hermana del I conde de Lences; nieta de Felipe de Porres, tío y tutor de Gabriel (de quien se hizo mérito al tratar del IV adelantado), y de Antonia de Zorrilla y Arce, su primera mujer, y materna de Pedro de Villela y Murga, señor de la casa de su apellido en Munguía (Vizcaya), caballero de Santiago, Gentilhombre de Boca de S.M., y de Isabel de Zorrilla Arce y Manrique, su segunda mujer (hermana de la Antonia antes citada), señora de las casas de San Martín y la Gándara, ambas en el valle de Soba, y de las de Villerías en tierra de Campos y Comunión de Basave en Álava. Isabel de Porres sacó Licencia Apostólica para tener oratorio en su casa de Madrid, y adquirió valiosas reliquias; era la propietaria de la alcaidía —que ejerció su marido— de la Torre de la Plaza de Avilés (oficio que antes tuvo su padre por herencia del V adelantado y Real Despacho de 1669), y gozó por sus días de las rentas de la encomienda de Adelfa de la Orden de Alcántara, en sucesión de Ana María Manrique y Villela, su abuelastra y tía abuela (2.ª mujer de Felipe de Porres, su abuelo, y hermana del materno), a quien S.M. hizo merced de esta regalía por dos vidas mediante Real Cédula del 5 de noviembre de 1651.

Gabriel Menéndez contrajo segundas nupcias en el Palacio Real de Madrid el 8 de octubre de 1675, previas capitulaciones otorgadas el mismo día, con Juana de Luján Osorio Acuña y Rivadeneira, señora de la villa de Canalejas y del mayorazgo de Rivadeneira, dama de la Reina Doña Mariana de Austria que falleció sin hijos el 7 de junio de 1679 en su casa de Madrid, calle de Atocha, habiendo otorgado poder para testar, y fue enterrada en la capilla de los Lujanes de San Pedro el Viejo. Después de sus días, se hizo su testamento en Madrid el 2 de marzo de 1682 a fe de Prudencio de Cabezón, por el que agregaba sus bienes libres y la jurisdicción de Canalejas al mayorazgo de su marido. Era hermana entera de Fernando de Luján Guzmán y Robles, I conde de Castroponce, caballero de Alcántara, e hija de Diego de Luján y Robles, señor del Valle de Trigueros y de la casa y Torre de los Lujanes de Madrid, caballero de Santiago, Gentilhombre de

Boca de Don Felipe IV, y de Leonor Osorio de Guzmán y Sarmiento, dama de la misma Reina; nieta de Fernando de Luján y Castilla, señor de la casa de Madrid, comendador de Ocaña en la Orden de Santiago, Gentilhombre de Boca de Don Felipe III, y de Juana de Guzmán y Robles, señora de Trigueros, y materna de Luis Álvarez Osorio y Guzmán, señor de Abarca y Villarramiro, Gentilhombre de Boca del mismo Rey, y de Francisca Sarmiento de Luna, de los condes de Rivadavia. Del primer matrimonio nacieron:

Pedro José Menéndez de Avilés Porres y Villela, que sigue,

Francisco Menéndez de Avilés y Porres, Maestre de Campo de Infantería Española, caballero de Alcántara y comendador de Adelfa, menino de la Reina Doña Mariana de Austria, que murió prematuramente y sin prole poco después que su padre. En 1690 le dio S.M. el mando del Tercio de Asturias, nuevamente creado entonces, con el que al año siguiente expulsó al ejército francés que había invadido Cataluña.

Catalina Menéndez de Avilés y Porres, que estuvo capitulada para casar con el marqués de Campotéjar, pero el matrimonio no se llevó a efecto y entró religiosa en el Convento de la Encarnación de Madrid, donde murió siendo Subpriora.

Alfonsa María Menéndez de Avilés y Porres, que nació en Madrid el 1.º de enero de 1662 y fue bautizada en San Sebastián.

Y Ángela María Menéndez de Avilés y Porres, natural de Sevilla, que fue bautizada el 18 de marzo de 1665 y murió en 1690. Casó dos veces: primera en Madrid, parroquial de San Sebastián, el 1.º de febrero de 1683 con Silverio Florentino de Villavicencio, veinticuatro de Jerez, Corregidor de Alcalá la Real y de Valladolid, donde murió sin hijos en 1684. Había estado antes casado con Teresa de Villavicencio, su deuda, y era hijo de Diego Tiburcio de Villavicencio, caballero de Alcántara, veinticuatro de Jerez, y de Estefanía de Villavicencio, su mujer y prima segunda. Ángela volvió a casar en 1686 con Diego

Ramiro Osorio y Rubín de Celis, señor de la villa de Mestages y de la casa de Rubín de Celis, regidor perpetuo de León, fallecido en 1702, de quien tuvo por hijo a

Casimiro José Osorio y Menéndez de Avilés, señor de Mestages y de la casa de Rubín de Celis, regidor perpetuo de León, Diputado de este Reino, del Consejo de Hacienda y Decano del de Indias, Gentilhombre de Cámara de S.M., que nació el 4 de marzo de 1689 y falleció en Madrid el 29 de noviembre de 1778. Figura entre los herederos del I Conde de Canalejas, su abuelo materno, pues su madre ya era difunta cuando éste murió.

En 1692 sucedió su hijo

Pedro José Menéndez de Avilés Porres y Villela (c.1656-c.1715), II *conde de Canalejas*, VII adelantado de la Florida, señor de las casas de Avilés, Condado y Termiñón, caballero de Alcántara. Testó junto con su mujer en Valladolid el 18 de enero de 1709 ante Isidro Calderón, nombrando por heredera universal a Catalina, su única hija supérstite, y murió en los años siguientes. El inventario de sus bienes se hizo en 1720, después de los días de su mujer. Casó el 17 de abril de 1678 en Madrid, parroquia de la Santa Cruz, velándose el 17 de octubre siguiente en el oratorio de su casa de dicha corte, parroquia de San Sebastián, con María Manuela de Bañuelos y Sandoval, que al final de su vida fue III marquesa de Ontiveros y señora de las villas de Fontiveros, Cantiveros, Vita y Malaguilla, del lugar de Herreros de Suso y de la torre y mayorazgo de Lastras del Pozo, patrona del Convento de Carmelitas Descalzos de Segovia y del monasterio de Dominicas de San Pedro de las Dueñas, y poseedora de los mayorazgos y cortijos de Peralta, Peraltilla, Las Pinedas y Estebanía Baja en el reino de Córdoba. Sucedió en dichas casas y estados por muerte de su hermana María Teresa de Bañuelos y Sandoval, y murió viuda acabando el año de 1718 en Llerena, donde otorgó poder para testar el 4 de diciembre a Juan Manuel de Aguilera, su yerno, remitiéndose al mancomunado de 1709. Su citado yerno otorgó el testamento en Madrid el 3 de marzo de 1719 a fe de Marcelino de Losada, y ese mismo año hizo inventario de sus bienes. Era hija de Manuel de Bañuelos y Velasco, I marqués de Ontiveros, caballero de Calatrava, Capitán General de la Armada del Océano, Comisario General de la Infantería y la Caballería de España, del Consejo de Guerra de S.M., segundo mayordomo de la Reina Doña Mariana de Austria, natural y señor de la casa de su apellido en Córdoba, poseedor de aquellos mayorazgos y de la torre de Lastras del Pozo, y de María Catalina Gómez de Sandoval y Rojas, señora de las mismas villas, quien le fundó vínculo de mejora; nieta de Luis de Bañuelos y Velasco, caballero de Calatrava, natural de Córdoba, y de María de Peñalosa y Vivero, que lo era de Segovia, de la casa de Lastras del Pozo, y materna del General Jerónimo Gómez de Sandoval, señor de las jurisdicciones de su hija y nieta y de las villas de Bahabón de Esgueva, Oquillas y Cilleruelo, caballero de Santiago, y de Mariana de la Cerda y Ocáriz, de los marqueses de la Rosa y de Mota de Trejo.

Tuvieron por hijos a

María Catalina Menéndez de Avilés y Bañuelos, que sigue,

a María Francisca Menéndez de Avilés y Bañuelos, que nació en la casa de la calle Atocha el 2 de mayo de 1685, fue bautizada en San Sebastián y murió niña,

y a José Julián Menéndez de Avilés y Bañuelos, que nació el 28 de enero de 1691 en la misma casa y feligresía y también murió en la infancia.

Hacia 1715 sucedió su hija

María Catalina Menéndez de Avilés y Bañuelos (1680-1747), *III condesa de Canalejas*, IV marquesa de Ontiveros, señora de las villas de Canalejas, Fontiveros, Cantiveros, Vita y Malaguilla y de los lugares de Herreros de Suso y San Miguel de Pedroso; de las casas del Condado, Termiñón, Lastras del Pozo y agregadas, y de los mayorazgos de Córdoba; patrona del Carmen Descalzo de Segovia y de San Pedro de las Dueñas; VIII poseedora del adelantamiento de la Florida, de las alcaidías de Avilés y San Juan de Nieva y de otros oficios perpetuos. Nació en su casa de la calle Atocha de Madrid el 16 de octubre de 1680, fue bautizada el 23 en la parroquial de San Sebastián, y testó en la misma villa el 4 de septiembre de 1747 a fe de Alejandrino de Artaza Llanos.

Fundó mayorazgo para los segundogénitos de su casa por vía de donación *propter nuptias* en favor de su hija Josefa y mediante escritura hecha el 3 de mayo de 1735. En 1745 apoderó al marqués de Ferrera para que tomase posesión a su nombre de las castellanías de San Juan de Nieva y de la villa de Avilés, que le habían sido confirmadas por Real Despacho del mismo año. En 1746 obtuvo del Obispo de Lugo ciertas indulgencias para quien rezare ante un Niño Jesús y una Inmaculada que tenía en su casa de Madrid.

Contrajo primer matrimonio en su parroquia natal el 2 de junio de 1697, previa información genealógica y celebrándose las velaciones el 8 de septiembre en el oratorio de su casa, con Pedro Suárez de Góngora y Gutiérrez de los Ríos, IV marqués de Almodóvar del Río, señor de las villas de la Rambla y Espiel y de los lugares de la Zarza, Torre del Cañaveral y Santa María de Trassierra, todo en el reino de Córdoba, natural y veinticuatro de esta ciudad, VIII adelantado de la Florida, alcaide del castillo de San Juan de Nieva y de la torre de Avilés, caballero de Calatrava. Hijo de Antonio Suárez de Góngora, III marqués de Almodóvar, señor de la Zarza y de la Torre del Cañaveral, veinticuatro de Córdoba y caballero del mismo hábito, y de Mariana de los Ríos y Cerón, hermana del I conde de Gavia; nieto de Pedro Suárez de Góngora, señor de la Zarza y Cañaveral, también calatravo y veinticuatro, y de Urraca Venegas de Sandoval (hija de Antonio Ruiz de las Infantas y de otra Urraca Venegas de Sandoval); y materno de Martín de los Ríos, señor de Torreblanca, veinticuatro de Córdoba, y de Luisa Cerón y Velasco, de los señores de la Herradura y de los Castellones. Y su segundo marido fue Juan Manuel de Aguilera y de los Ríos, Capitán de Granaderos de Guardias Reales, caballero de Santiago y Comendador de la villa de los Santos de esta Orden, natural de Ciudad Real, que fue bautizado en la Prioral o en San Pedro el 5 de octubre de 1681 y murió sin prole en Madrid el 24 de enero de 1733, bajo disposición por la que nombraba a su mujer heredera universal y la apoderaba para otorgar su testamento, lo que ella cumplió el 27 de octubre del mismo año a fe del escribano Antonio Pérez. Fue enterrado en el Colegio Imperial. En 1719 hizo el testamento de su suegra, con poder que ésta le había dado antes de morir, como queda dicho; ese mismo año tomó posesión a nombre de su mujer del vínculo fundado por la abuela materna de ésta, y al siguiente hizo inventario de los bienes relictos de sus suegros. Era hijo de Gómez de Aguilera y Guevara, de igual naturaleza, y de Leonor Teresa de los Ríos y Argote, nacida en la ciudad de Córdoba; nieto de Juan de Aguilera y Ladrón de Guevara y de Juana Treviño y Bermúdez, naturales de Ciudad Real, y materno de Fernando José de los Ríos y Argote, vizconde de Sancho-Miranda, natural y veinticuatro de Córdoba, y de Catalina de Argote y Aguado, también cordobesa.

Del primer matrimonio nacieron:

Ana Antonia Suárez de Góngora y Menéndez de Avilés, que sigue,

María Josefa Suárez de Góngora y de los Ríos, que casó con José María de Oviedo Monroy Portocarrero y Squarzafigo, marqués de Buscayolo, y no tuvieron posteridad. El marqués nació en 1705 y murió en 1771, y estuvo también casado con Ana María de Aguilar y Mesía de la Cerda, de quien sí la tuvo.

María Manuela Suárez de Góngora,

Joaquín Suárez de Góngora, el primogénito,

e Isidra Suárez de Góngora, que murieron los tres en la infancia.

En 1748 sucedió su hija

Ana Antonia Suárez de Góngora y Menéndez de Avilés (c.1703-1776), *IV condesa de Canalejas*, V marquesa de Almodóvar del Río y V de Ontiveros, IX poseedora del adelantamiento de la Florida, señora de los estados de sus padres, que nació hacia 1712 y falleció en Valencia en 1776. Fue protectora del poeta José Pérez de Montoro, y en 1736 patrocinó la publicación de sus *Obras póstumas líricas*.

Casó dos veces: primera con Fernando Lázaro de Luján y Silva, señor del mayorazgo de Rivadeneira, caballero de Alcántara, colegial en el Mayor de San Bartolomé de Salamanca, Oidor en Valladolid, ministro de los Consejos de Órdenes e Indias, Procurador en las Cortes de Castilla de 1712, Mayordomo del Rey Don Felipe V y de los Príncipes de Asturias Don Luis y Don Fernando y Aposentador Mayor de Palacio. Nacido en 1682 y finado en la corte el 7 de julio de 1736, era hijo segundo de Fernando de Luján Guzmán y Robles, I conde de Castroponce, señor del Valle de Trigueros y de la casa y Torre de los Lujanes de Madrid, caballero de Alcántara y Comendador del Esparragal, Gentilhombre de Boca de S.M., y de Antonia de Silva Toledo y Vicentelo, su mujer (que antes estuvo casada con Pedro Manrique de Lara, de quien también hubo prole); sobrino carnal de Juana de Luján Osorio Acuña y Rivadeneira, poseedora de este mayorazgo, señora de la villa de Canalejas, ya citada y filiada como segunda mujer del I conde de este título; y nieto materno de Juan Francisco de Silva y Ribera, V marqués de Montemayor y I del Águila, señor de Villaseca, Lagunilla, Villaluenga y Magán, Alcalde Mayor de la Mesta, Notario Mayor del Reino de Toledo, y de María de Toledo Vicentelo, de los condes de Cantillana, dama de la Reina Doña Isabel. Y segunda vez casó con José Antonio de Chaves y Osorio, Capitán General de los Reales Ejércitos, Decano del Supremo Consejo de Guerra, de quien no tuvo descendencia.

Del primer matrimonio nacieron:

Antonia Tiburcia, que nació en Madrid el 24 de abril de 1718 y murió niña. Juan Antonio, que nació en Madrid en 1721 y murió niño, Mariana Leonor, que nació en Madrid el 28 de junio de 1722 y también murió de tierna edad.

Pedro Francisco de Luján y Góngora, que sigue,

y María Rafaela de Góngora y Luján, que seguirá.

En 1776 sucedió su hijo

Pedro Francisco de Luján y Góngora (1727-1794), que indistintamente usaba en primer lugar el apellido Góngora (precedido o no del patronímico Jiménez o Suárez), *V conde de Canalejas*, VI marqués y I duque de Almodóvar del Río, Grande de España de 2.ª clase (desde 1779, antes de recibir el título ducal), VI marqués de Ontiveros, X adelantado de la Florida, señor de las villas de Canalejas, Fontiveros, Cantiveros, Vita, Malaguilla, la Rambla y Espiel, de los lugares de Herreros de Suso, San Miguel de Pedroso, Santa María de Trassierra, la Zarza y Torre del Cañaveral, y de las casas de Avilés, Góngora, Porres, Termiñón, Bañuelos, etc., alcaide del Castillo de San Juan de Nieva y de la Torre de la villa de Avilés. Nació en Madrid el 17 de septiembre de 1727 y falleció en misma corte el 14 de mayo de 1794.

Fue Ministro Plenipotenciario de S.M.C. en San Petersburgo (1760-1763), y su Embajador en Lisboa (1763-1778) y en Londres (1778-1779), escritor ilustrado, Académico de la Española, Consiliario de la de San Fernando, Director de la de la Historia y miembro honorario de la de Artes y Ciencias de Boston, Consejero de Estado, caballero del Toisón de Oro, de la Concepción portuguesa y Gran Cruz de Carlos III, mayordomo del Rey Don Felipe V, Gentilhombre de Cámara de Don Carlos III y Mayordomo Mayor de la Infanta Doña Mariana Victoria.

Casó dos veces: primera con Francisca Javiera Fernández de Miranda Ponce de León y Villacís, de la que no hubo prole, hija de

Sancho Fernández de Miranda Ponce de León y Saavedra, IV marqués de Valdecarzana y de Rucandio, conde de Tahalú y de Escalante, príncipe de Bonanaro en Cerdeña, Gentilhombre de Cámara de S.M. con ejercicio y servidumbre, natural de Oviedo, y de Ana Catalina de Villacís y de la Cueva, VIII condesa de las Amayuelas y VII de Peñaflor de Argamasilla, VIII marquesa de Taracena, vizcondesa de Centenera, concesionaria de la grandeza de España de 1.ª clase agregada a la casa de las Amayuelas, natural de Madrid.

Y en segundas nupcias casó hacia 1770 con María Joaquina de Montserrat y Acuña, hija del Teniente General Joaquín Juan de Montserrat y Cruillas, I marqués de Cruillas, señor de las baronías de Benialfaquí, Catamarrúa y Llombo en el reino de Valencia, caballero de Montesa, Virrey de la Nueva España, y de María Josefa de Acuña y Prado. Al enviudar del duque en 1794, solicitó una pensión a S.M.

Fueron sus hijos, nacidos del segundo matrimonio:

Carlota María de Luján y Montserrat, que nació hacia 1771 en Lisboa y murió siete años después en Londres, estando su padre de Embajador en una y otra corte. Su cuerpo fue embalsamado y, en el verano de 1779, se trajo a Avilés y fue depositado con gran pompa el 7 de septiembre en el panteón familiar de la iglesia parroquial de San Nicolás.

Y Fernando María de Góngora Luján y Monserrat, primogénito, que vivía en 1780 pero también murió niño. En 1794 sucedió su hermana

María Rafaela de Góngora y Luján (1728-1794), *VI condesa de Canaleja*s, II duquesa de Almodóvar del Río, Grande de España, XI poseedora del adelantamiento de La Florida.

Casó con Gilberto Carroz de Centelles, *olim* Vicente Catalá de Valeriola y Castellví, V marqués de Nules y VIII de Quirra (título de Cerdeña), poseedor del palacio de su familia en Valencia y de varios mayorazgos en este reino, nacido en 1717 y finado en 1766, hijo de

Gilberto Carroz de Centelles, *olim* Joaquín Catalá de Valeriola y Cardona, VII marqués de Nules y de Quirra, y de María Ana de Castellví y Escrivá de Híjar, su primera mujer, que casaron en 1722; nieto de Gilberto Carroz de Centelles, *olim* José Catalá de Valeriola y Sanchís, VI marqués de Nules y de Quirra, y de Francisca de Cardona y Pertusa, su primera mujer, que era hermana del famoso arquitecto José de Cardona y Pertusa, caballero de Montesa; nieto materno de Felipe Lino de Castellví y Jiménez de Urrea, IV conde de Carlet, natural de Zaragoza, y de Mariana Escrivá de Híjar y Monsoríu, que lo era de Valencia, condesa de la Alcudia y de Gestalgar, señora de la baronía de Estivella; y biznieto de Otger Catalá de Valeriola y Mompalau, caballero de Montesa, comendador, albacea y Tesorero General de esta Orden, y de Hermenegilda Sanchís. Este Otger Catalá de Valeriola fue el primero de su linaje que se llamó también Gilberto Carroz de Centelles, por haber sucedido en los marquesados de Quirra (en 1670) y Nules (en 1695, tras ganárselo en pleito al duque de Gandía), cuyas vinculaciones imponían dicho nombre y apellidos a los poseedores de la casa.

Tuvieron por hija única y sucesora a

Gilaberta Carroz de Centelles, olim Josefa Dominga Catalá de Valeriola Luján y Góngora (1764-1814), *VII condesa de Canalejas*, III duquesa de Almodóvar del Río, Grande de España, VII marquesa de Ontiveros, VI de Nules yIX de Quirra, XII poseedora del adelantamiento de La Florida, señora de numerosas villas y de la baronía de Estivella. Nació en 1764, testó en Valencia el 4 de octubre de 1804 a fe de José de Velasco, y expiró el 7 de febrero de 1814.

En 1794, por muerte de su madre, tomó posesión del mayorazgo de la casa de Avilés y condado de Canalejas. En 1806 fue confirmada en la castellanía perpetua del de San Juan de Nieva y de la Torre de la villa de Avilés, cuyo título se le había despachado el 6 de mayo de 1795.

En 1793 fue designada para suceder en los vínculos de los Castellví por Joaquín Antonio de Castellví e Idiáquez, su tío segundo,[7] VI conde de Carlet, de la Alcudia y de Gestalgar. Y en efecto entró en posesión de los mayorazgos en 1800, al fallecer el conde sin hijos, pero a raíz de ello se entablaron una serie de pleitos en los que la duquesa de Almodóvar perdió buena parte de este patrimonio en favor de otros parientes.

Casó con Benito Osorio Orozco y Lasso de la Vega (1761-1819), IX duque de Ciudad Real, VII marqués de Mortara, VI de Zarreal, VI de Olías y IX de San Damián, X conde de Triviana, VIII de Aramayona, VIII de Lences y IX de Biandrina, que estaba viudo de Paula de Mena y Benavides. Hijo de Joaquín Antonio Osorio Orozco y Manrique de Lara, anterior poseedor de los mismos títulos, y de Rafaela Lasso de la Vega y Sarmiento; nieto de Vicente Osorio y Vega, de los marqueses de Montaos, condes de Grajal y de Fuensaldaña, y de Francisca Sarmiento de Sotomayor y Dávila Zúñiga, de los condes de Salvatierra, y materno de Luis Lasso de la Vega y Córdoba, II duque del Arco, Conde de Puertollano y de Montehermoso, marqués de Miranda de Anta, caballero del Toisón de Oro, y de Ana María de Orozco y Villela, VII duquesa de Ciudad Real, V marquesa de Mortara, VII de Aramayona, IV de Zarreal, IV de Olías, VII de San Damián, VIII condesa de Triviana, VI de Lences, de Barrica y VII de Biandrina, vizcondesa de Olías y de Villerías.

Este matrimonio fue rato pero no se llegó a consumar. Josefa Dominga Catalá de Valeriola murió sin descendencia en 1814, extinguiéndose la línea directa de los condes de Canalejas. El ducado de Almodóvar del Río recayó en Francisco de Paula Fernández de Córdoba y Álvarez de las Asturias-Bohorques, descendiente de la línea en que se venía sucediendo el marquesado de igual denominación; el marquesado de Ontiveros, en José de Cabrera y Bernuy, y los de Nules y Quirra, en Felipe Carlos Osorio y de Castellví.

Pleito por la sucesión

Litigantes

José de Valdés y Flórez (1761-1823), Jefe de Escuadra y caballero de Santiago, que poseía —entre otros mayorazgos— la segunda casa de Valdés de la villa de Cangas de Tineo,[43] la del mismo apellido de la villa de Grado, la de Cuervo de San Román de Candamo, y otras en la villa de Pravia, en el lugar de las Riberas del mismo concejo, en Vega de los Viejos (Babia) y en Fuenmayor (la Rioja). Pretendía la casa de Canalejas como descendiente de una hermana uterina del I Adelantado. Como arriba se dijo, María Alonso de Arango, la madre de Pedro Menéndez de Avilés, casó en segundas nupcias con Juan Martínez de Cudillero *el Viejo* y tuvieron por hija a Catalina González de Arango, que casó con Martín de Quirós, señor de la casa de San Román. Y su nieto primogénito fue Martín de Quirós, señor de la misma casa y marido de María de Carreño, de quienes provenía este pretendiente por la línea que se expone en la nota n.º[44] José de Valdés Flórez casó con María Luisa de los Ríos Muñoz y Velasco, y fueron padres del I marqués de Casa Valdés.

Condes de la segunda línea

Benita de Inclán Valdés y Mier, VIII condesa de Canalejas, XIII poseedora del adelantamiento de La Florida, así como de numerosos mayorazgos en Asturias, cuya filiación se expondrá en el apéndice. Natural de Oviedo, fue bautizada el 23 de marzo de 1751 en San Isidoro el Real, y falleció antes de 1830.

Casó en dicha iglesia el con Fernando de Valdés y Bernaldo de Quirós, natural y mayorazgo de la casa de Valdés de Gijón, señor de los cotos de Granda y Tresali, y poseedor también de las casas de Solís, Figaredo, Carvajal y Ania, regidor perpetuo de Oviedo y de Gijón, maestrante de Granada y Teniente Coronel del Regimiento Provincial de Oviedo, que fue bautizado en San Pedro el 11 de noviembre de 1747, testó con su mujer en Oviedo el 10 de septiembre de 1797, murió en esta ciudad el 7 de noviembre de 1808 y fue sepultado en el convento de Nuestra Señora del Rosario.

Tuvieron por hijos a

Álvaro de Valdés e Inclán, que sigue,

María Antonia de Valdés e Inclán, que nació en Oviedo el 17 de enero de 1793, fue bautizada el mismo día en San Isidoro el Real, testó en el palacio de Heredia de esta ciudad el 14 de marzo de 1836 a fe de Nicolás Trabanco, y murió el 8 de junio siguiente. Su boda se celebró en Oviedo el 11 de octubre de 1815 en el oratorio del palacio de Inclán, propiedad a la sazón de su hermano Álvaro, y previas capitulaciones matrimoniales otorgadas el 9 a fe de Benito Rodríguez, escribano de dicha ciudad, por las que ambos contrayentes agregaban tercio y quinto al mayorazgo de Heredia. Fue su marido Francisco José de Heredia y Tineo, señor de las casas de Heredia de Oviedo y Villarejo, y de las de Doriga y Faes de Hevia, VIII castellano perpetuo de la Real Fortaleza de Oviedo, regidor perpetuo de esta ciudad y de los concejos de Siero, Salas, Lena y Aller, caballero de la Orden de San Juan de Jerusalén, patrono del Colegio de San Pedro «de los Verdes» de la Universidad de Oviedo y de la capilla del Cristo del convento de Santo Domingo

Sucedió en 1830 su hijo

Álvaro de Valdés e Inclán (1771-1832), *IX conde de Canalejas,* XIV Adelantado de la Florida, Coronel de Artillería, que nació en Oviedo el 26 de abril de 1771 y fue bautizado en San Isidoro al día siguiente. Testó a fe de Carlos Rodríguez el 6 de noviembre de 1832 en Madrid, donde murió el 7 de mayo de 1840. Sucedió en las casas de sus padres, poseyendo entre otros oficios perpetuos los de regidor de Oviedo y Alférez Mayor de Pravia y Miranda. Fue Alcalde Mayor de ronda de dicha ciudad, donde figura empadronado como noble en 1773 y 1780. Desde su boda y hasta el año 1830 en que tituló como conde de Canalejas, fue conocido por vizconde de la Peña de Francia (consorte y viudo). Fue amigo de Jovellanos, quien le llamaba *Alvarín*.

Otorgó capitulaciones matrimoniales en Gijón el 1.º de septiembre de 1793 y casó el siguiente día 6 en la capilla de San Juan Bautista de la parroquia de San Pedro, con María del Carmen Ramírez de Jove y Cienfuegos, llamada vizcondesa de la Peña de Francia, que nació en Gijón el 9 de julio de 1772, fue bautizada el 11 en San Pedro y falleció prematuramente en 1795. Era hija e inmediata sucesora de Manuel María Ramírez de Jove, III marqués de San Esteban del Mar, al que premurió, señor del coto de Natahoyo y de la casa de Ramírez de Gijón, nacido el 8 de agosto de 1848 en dicha villa, donde murió el 17 de mayo de 1798, y de Nicolasa María González de Cienfuegos y Velarde, su primera mujer, de los condes de Marcel de Peñalba, nacida en Oviedo y bautizada el 7 de diciembre de 1784 en San Isidoro, donde casaron el 17 de mayo de 1770. Tuvieron dos hijas:

María del Rosario de Valdés y Ramírez de Jove, que sigue,

Sucedió su hija

María del Rosario de Valdés y Ramírez de Jove (1794-1850), *X condesa de Canalejas*, IV Marquesa de San Esteban del Mar de Natahoyo, XV poseedora del adelantamiento de La Florida, señora de las casas de Avilés, Valdés, Ramírez y agregadas, etc., dama de la Orden de María Luisa. Nació en Gijón el 5 de octubre de 1794, fue bautizada en San Pedro al día siguiente y murió en Santiago de Compostela en 1850, bajo testamento cerrado hecho en Gijón el 26 de septiembre de 1844, que fue protocolizado por el notario Benito Rodríguez Llanos, en el que pedía ser enterrada en el convento de Santo Domingo de Oviedo, donde lo estaban sus padres y abuelos.

Previas capitulaciones, casó el 6 de enero de 1816 en el oratorio de su casa de Oviedo, parroquia de San Isidoro el Real, ante el presbítero Juan Valera (académico de la Historia, catedrático de la Universidad de Santiago y abad de Santa Cruz de Rivadulla), con Juan Antonio de Armada Ibáñez de Mondragón y Guerra, VI marqués de Santa Cruz de Rivadulla, Brigadier de los Reales Ejércitos,

Coronel honorario de Artillería, regidor perpetuo de Orense y Alguacil Mayor de Millones por S.M. de esta ciudad y provincia, señor de varias casas y jurisdicciones en Galicia, Prócer y Senador vitalicio del Reino, que fue por su mujer Adelantado de la Florida y regidor perpetuo de Oviedo, nacido en Maracaibo (Venezuela) el 13 de enero de 1796 y fallecido en Madrid el 15 de abril de 1871, hijo del Brigadier Juan Ignacio de Armada Ibáñez de Mondragón y Caamaño, V marqués de Santa Cruz de Rivadulla, regidor perpetuo de Orense, Coronel del Batallón de Literarios, caballero de Carlos III, natural de Santiago, y de Petra Guerra y Briones, nacida en Pezuela de las Torres, que casaron en Madrid, parroquia de San Sebastián, el 8 de enero de 1793.

Fueron padres de

Álvaro José de Armada y Valdés, que sigue,

Pedro de Armada y Valdés, que seguirá,

Juan Bautista de Ávila de Armada y Valdés, caballero de Santiago, que casó con Ramona de Losada y Miranda (1814-1880), X marquesa de Figueroa, hija del Teniente General Francisco Javier de Losada y Prado, X conde de Maceda, Grande de España, VII marqués de Figueroa, VIII de la Atalaya, VIII vizconde de Fefiñanes, llamado también *vizconde de Layosa*, caballero de Carlos III, y de María Joaquina de Miranda y Sebastián Gayoso, VI condesa de San Román, V marquesa de Santa María del Villar, natural de La Coruña, dama de la Reina. Con posteridad.

María del Rosario de Armada y Valdés, que nació el 21 de septiembre de 1831 en Madrid, calle de Atocha, y fue bautizada en la parroquial de San Sebastián.

Sucedió *«virtualmente»* su hijo primogénito

Álvaro José de Armada y Valdés (1817-1889), VI Marqués de Santa Cruz de Rivadulla y V de San Esteban del Mar de Natahoyo, XVI Adelantado Mayor de la Florida, llamado también *«XI conde de*

Canalejas», caballero de las órdenes de Montesa y Carlos III, Coronel de Infantería, varias veces Diputado y Senador del Reino.

Casó con María Manuela de la Paciencia Fernández de Córdoba y Güemes (1822-1871), V condesa de Revilla Gigedo y III de Güemes, V marquesa de Canillejas, Grande de España, dama de la Reina y de la Banda de María Luisa. Con sucesión en que siguieron todos estos títulos y el adelantamiento de la Florida.

En 1852, Álvaro de Armada y Valdés renunció sus derechos al condado de Canalejas en favor de su hermano Pedro, a la vez que le cedía "las haciendas de Valencia, la casa y bienes de Bolgues en el concejo de las Regueras y la casa de Ramírez de la calle de la Platería de Oviedo". En virtud de dicha renuncia, sucedió por Real Carta del 16 de julio de 1852 su hermano menor

Pedro de Armada y Valdés (1818-1864), *XI conde de Canalejas*, dueño del palacio de Bolgues, notable humanista, escritor y político tradicionalista, que nació en Oviedo en 1818 y murió en Valencia en 1864. Licenciado en Jurisprudencia por la Universidad de Santiago, se doctoró por la de Oviedo, donde fue catedrático de Historia, y desde 1847 su Vicerrector. Fue magistrado de la Real Audiencia de La Habana y Diputado a Cortes electo dos veces por Oviedo. "Poeta de notable inspiración, prosista castizo, eruditísimo en materias históricas, principalmente en las referentes a su querida Asturias, filósofo, latinista y muy versado en Literatura clásica, como también en Teología y Cánones [...]. El Señor Conde de Canalejas era de conciencia tan rígida, que consideraba nefasta la más ligera concesión a escuelas filosóficas incompatibles con el Catolicismo". Formó en las filas de los "neos", fue amigo de Jaime Balmes, y como él propugnaba la reconciliación dinástica y nacional mediante el matrimonio de Isabel II con el Conde de Montemolín. Al ser elegido Diputado en 1850 trasladó su residencia a Madrid, donde sostuvo vivas polémicas en los debates de las Cortes y del Ateneo y en sus artículos publicados en *El Pensamiento Español*.

Casó con Lorenza Fernández de Heredia y Valdés, su tía segunda, con dispensa del 2.º con 3.ᵉʳ grado de consanguinidad. Las capitulaciones se otorgaron el 19 de junio de 1839, y al día siguiente se despachó la Real Licencia. Lorenza era hermana de Antonio Fernández de Heredia y Valdés, vizconde consorte y viudo del Cerro, caballero de Montesa, e hija de Francisco José de Heredia y Tineo, señor de las casas de Heredia de Oviedo y Villarejo, y de las de Doriga y Faes de Hevia, castellano y regidor de Oviedo, caballero sanjuanista, y de María Antonia de Valdés e Inclán, ya citados entre los hijos de la VIII condesa de Canalejas.

Tuvieron al menos dos hijos varones:

Pablo de Armada y Fernández de Heredia, primogénito, que heredó el palacio de Bolgues pero por su lealtad carlista no quiso solicitar de un Rey «liberal» la sucesión en el condado de Canalejas. Murió prematuramente y sin prole hacia 1880.

Y Ramón de Armada y Fernández de Heredia, que sigue.

Después de los días del primogénito y habiendo vacado el título casi veinte años, sucedió en 1883 por Real Carta de Alfonso XII[148] su hijo segundogénito

Ramón de Armada y Fernández de Heredia (1859-1934), *XII conde de Canalejas*, que falleció viudo en Santiago de Compostela el 10 de enero de 1934, a los 75 de edad. En 1895 fue nombrado Gobernador de una provincia en las Filipinas, cargo que ejerció hasta la ocupación estadounidense en 1898. A raíz de su matrimonio se estableció en Santiago y fue Teniente de Alcalde de esta ciudad por el partido maurista. Casó con María del Carmen de Quiroga y Losada, que heredó de su padre los pazos de Vistalegre y de la Torre, sitos los dos en la parroquia de San Cibrán de Aldán y municipio de Cangas de Morrazo (Pontevedra). Era hermana de Jesús, marqués de la Atalaya, y del famoso fotógrafo Diego Quiroga y Losada, XI marqués de Santa María del Villar, Mayordomo de semana del Rey Alfonso XIII; hija de José María de Quiroga y Losada, Coronel de Artillería, y de María Joaquina de Losada y Torres, su mujer y prima carnal, XI marquesa de la Atalaya; nieta de Diego de Quiroga y Prieto, señor las citadas torres de Aldán y del pazo del Piñeiro en la parroquia de San Martín de Folgosa, del municipio lucense de Corgo, y de María del Carmen de Losada y Miranda, VIII marquesa de Santa María del Villar, y materna de Baltasar de Losada y Miranda, hermano de la anterior, XIII conde de Maceda y VII de San Román, Grande de España, X marqués de la Atalaya, IX de Figueroa y VII de Santa María del Villar, señor del castillo de Maceda y del pazo de Fefiñanes, y de María Luisa de Torres y Barrenechea, dama noble de María Luisa.

De este matrimonio quedaron cuatro hijos:

María del Carmen de Armada y Quiroga, que sigue,

Ramón de Armada y Quiroga, que murió soltero poco después que su padre,

Lorenza de Armada y Quiroga, mujer de Ricardo Meyer, sin sucesión,

y María de los Dolores de Armada y Quiroga, que casó en agosto de 1918 con Jorge Bela y Levas, miembro de la nobleza austro-húngara. Fueron sus hijos:

José Bela y Armada, secretario general del ayuntamiento de Orense, que falleció en dicha ciudad el 11 de abril de 1981. Fue su mujer María Josefa Rodríguez de Zabaleta y Rodríguez, que falleció viuda en Madrid el 26 de febrero de 2010, hija de Fernando Rodríguez de Zabaleta y Martínez y de Concepción Rodríguez Angosto. Tuvieron por hija única a

María Paloma Bela y Rodríguez de Zabaleta, de quien se hablará más abajo, XVI condesa de Canalejas.

Ramón Bela y Armada, que finó en Madrid el 12 de diciembre de 1988. Casó con María Teresa Kindelán y Romero, nacida en 1926, hija de Ultano Kindelán Duany, natural de Puerto Real, y de Magdalena

Romero y Ponce de León, marquesa de Casinas, que lo era de Jerez. Con posteridad. Enrique Bela y Armada,

Olga Bela y Armada,

Jorge Bela y Armada,

María de Lourdes Bela y Armada,

Javier Bela y Armada, que casó en Vitoria en junio de 1968 con María José Martínez de Pisón y Verástegui, hija de Rafael Martínez de Pisón y Nebot y de Josefina Verástegui Zabala, de los marqueses de la Alameda.

María del Carmen Bela y Armada

y Antonio Bela y Armada.

Sucedió su hija

María del Carmen de Armada y Quiroga (c.1895-1955), *XIII condesa de Canalejas*, dueña de los pazos de Vistalegre y La Torre de Aldán.

Casó en julio de 1919 con Julián Pérez Esteso, abogado natural de Santiago de Compostela, quien la sobrevivió algunos años. Fue directivo de la Federación Católico-Agraria de la Coruña, y uno de los fundadores de la Liga Católica Gallega, después integrada en la CEDA. Pertenecía a la tercera generación de una dinastía de banqueros iniciada por el camerano Manuel Pérez Sáenz, su abuelo, que en 1845 fundó en Santiago la casa de banca familiar, y continuada por Olimpio Pérez Rodríguez, su padre. Entre 1959 y 1960 quedó al frente de la empresa, que por entonces se llamaba *Banca Hijos de Olimpio Pérez* y más tarde se convertiría en el Banco Gallego. Procrearon a:

Julián Pérez de Armada, que murió mozo en vida de sus padres,

Antonio Pérez de Armada, que sigue,

José María Pérez de Armada, que murió sin descendencia antes que Antonio,

María del Carmen Pérez de Armada, que murió joven y soltera,

y Ramón Pérez de Armada, que seguirá.

Sucedió por Carta del 21 de diciembre de 1956 su hijo

Antonio Pérez de Armada (1924-1989), **XIV conde de Canalejas**, dueño del pazo de la Torre de Aldán, que nació el 17 de enero de 1924 y murió en Vigo el 29 de mayo de 1989.

Casó dos veces: primera con María de las Nieves Delicado y de la Cuesta. Y contrajo segundas nupcias en Alcobendas el 28 de diciembre de 1985 con María de la Fuencisla Roca de Togores y Rodríguez de Mesa, actual condesa viuda, nacida en Madrid el 26 de junio de 1940, hija de Ignacio Roca de Togores y Tordesillas, marqués de Gibraleón, de los duques de Béjar, y de Pilar Rodríguez de Mesa y Cervera.

No tuvo hijos de ninguna de ellas, pero durante su segundo matrimonio adoptó dos, llamados:

Fuencisla Pérez y Roca de Togores

y Rodrigo Pérez y Roca de Togores.

Sucedió por Real Carta del 5 de noviembre de 1991 su hermano

Ramón Pérez de Armada (c.1930-1999), XV conde de Canalejas. Heredó el pazo de Vistalegre de Aldán, donde falleció célibe el 1.º de marzo de 1993. A su muerte quedó extinguida la descendencia de sangre de sus padres. En sus últimas disposiciones, legó el pazo de Vistalegre a Ramón Gil González de Careaga, de quien después lo hubo María del Mar Beriquistain Díaz, su viuda, que falleció sin prole en dicha casa en 2009. Sucedió (por Orden del 8 de junio de 1999 publicada en el BOE del 16 siguiente) su sobrina segunda (hija de José Bela y Armada, citado entre los nietos del XII conde)

Paloma Bela y Rodríguez de Zabaleta, XVI y actual condesa de Canalejas.

CRONOLOGÍA DE LA FLORIDA DESDE LOS PRIMEROS TRABAJOS CARTOGRÁFICOS HASTA LA CONQUISTA DEL ADELANTADO PEDRO MENÉNDEZ DE AVILÉS, LA COLONIZACION Y PRINCIPIOS DE LA EVANGELIZACION DEL TERRITORIO

CRONOLOGIA DE LA FLORIDA COLONIAL HISPANA EN EL SIGLO XVI, DESDE 1505 HASTA LA MUERTE DEL ADELANTADO PEDRO MENÉNDEZ DE AVILÉS EN 1574

1505 (...) *Florida. Cartografía.* Alberto Cantino dibuja el primer mapa donde puede observarse la línea de la costa de la Florida

1512 (...) *Florida. Permiso real para exploración.* Don Juan Ponce de León obtiene los reales permisos para explorar la isla llamada "Bimini", supuestamente al norte de las Bahamas, donde buscaría la famosa Fuente de la Eterna Juventud

1513, 27.III *Florida. La Fuente de la Eterna Juventud.* Don Juan Ponce de León, buscando la Fuente de la Eterna Juventud en la isla de Bimini, descubre la Florida. Desembarca en una zona de la costa situada probablemente entre el río San Juan y la ciudad de San Agustín

1513, 2.IV *Florida. Descubrimiento.* Don Juan Ponce de León desembarca en un punto al norte de Cabo Cañaveral que denominó Pascua Florida. Después bojeó la península de la Florida y pasó alrededor de los cayos del sur

1514, 27. IX *Florida*. Don Juan Ponce de León recibe los nombramientos de Adelantado y Justicia Mayor de la Florida y Bimini, otorgados por Su Majestad el rey Fernando el Católico de España

1519 (…) *Florida. Exploración del litoral de la Florida*. Don Alonso Alvarez de Pineda zarpa para reconocer las costas de la Florida y explorar el litoral del Golfo de Méjico, por encargo de Don Francisco de Garay, teniente de gobernador de la isla de Jamaica. Probó que la Florida no era una isla. Levantó un mapa donde aparece el litoral de la Costa del Golfo de México, Cuba y la Florida. En este mapa, la ubicación de la actual Mobile se designa con el nombre de Espíritu Santo

1520 (…) *Florida. Expediciones para tomar indios de la Florida como esclavos*. En este año tienen lugar expediciones a la Florida de Don Diego Caballero, Lucas Vázquez de Ayllón, Ortiz de Matienzos, Gordillo y Quexos, para tomar indios del territorio como esclavos

1520, 23.IV *Cuba-Florida-Luisiana-Jamaica. Ecco. Erección del Obispado y la Diócesis de Cuba*. Por Bula de Su Santidad Adriano VI, se erige canónicamente el Obispado de Nuestra Señora de la Asunción de Baracoa, con potestad sobre Cuba, Luisiana, Florida y Jamaica. La villa de Baracoa fue elevada, por esta causa y desde ese momento, al rango de ciudad

1520, 5.XII *Florida. Creación de la Diócesis de la Florida*. En esta fecha, Su Santidad León X erigió la Diócesis de Santiago de la Florida, después de haberse comprobado que el territorio formaba parte del continente, según los resultados de las exploraciones de Ponce de León (1513), Miruelo (1516), Hernández de Córdoba y Alaminos (1517), Grijalva (1518), y Camargo (1519)

1521, 26.II *Florida. Conquista*. Don Juan Ponce de León emprende viaje desde San Germán, Puerto Rico, con el objetivo de realizar la conquista de la Florida. Herido en un enfrentamiento con los indios, regresa y muere en San Cristóbal de La Habana

1523 (...) *Florida. Adelantado.* Lucas Vázquez de Ayllón recibió el título real de Adelantado para la colonización de las tierras del norte de la Florida

1523, VI *Florida. Conquista.* Don Francisco de Garay parte de Jamaica con una expedición para conquistar la Florida y el litoral de Pensacola a Tampico, después de haber recibido los reales nombramientos de Adelantado y gobernador de esos territorios

1523, 24.XII *Florida. Conquista.* Don Francisco de Garay, fracasado en su intento, es tomado prisionero por los hombres de Cortés después de algunos enfrentamientos. Fue trasladado a Méjico, donde falleció

1524 (...) *Florida. Reconocimiento. Exploración de las costas.* La expedición de Don Diego de Miruelo reconoce la costa oeste de la península de la Florida

1525 (...) *Florida. Reconocimiento de las costas.* En este año, Don Esteban Gómez realiza un nuevo reconocimiento de las costas de la Florida, cuando hace un recorrido del litoral norteamericano desde Terranova hasta la península, buscando el estrecho de Anián

1526 (…) *Florida. Conquista.* Don Lucas Vázquez de Ayllón parte de Puerto Plata con una expedición conquistadora después de obtener de Su Majestad una capitulación sobre el territorio de la Florida. Iba acompañado por los frailes dominicos Pedro Estrada, Antonio de Montesinos y Antonio Cervantes. Llegó a la actual bahía de Chesapeake. Se encaminó realmente hacia Chicora, Carolina del Sur, donde fundó la villa de San Miguel de Guadalupe, que tuvo una vida efímera. En tierras de Virginia, cerca del posterior emplazamiento de Jamestown, el Padre Montesinos ofició una Misa. Vázquez de Ayllón murió poco después

1527 (...) *Florida. Ecco., Primer Obispo.* El franciscano fray Juan Suárez, es designado primer Obispo de la Florida

1528, 4.IV *Florida. Conquista.* Don Pánfilo de Narváez llega a la Florida y toma tierra cerca de San Petersburgnen al frente de una expedición colonizadora, después de obtener una capitulación real para la conquista del territorio. Lo acompañan el franciscano fray Juan Suárez, designado desde 1527 como Obispo electo, para el nuevo territorio de España, y el también franciscano fray Juan de Palos

1528, 6.IV *Florida. Ecco., Obispo, Primera Misa.* Fray Juan Suárez, Obispo de la Florida, oficia en la primera Misa de que se tiene memoria, efectuada en el territorio de la Florida, o sea, en Estados Unidos

1528 (...) *Florida. Conquista.* Explorando los territorios al este de la Florida, Pánfilo de Narváez muere en un naufragio, en las costas de Texas

1538, 7.VI *Cuba. Gobierno Superior Civil. Florida. Conquista.* Llega a Cuba en esta fecha Don Hernando de Soto, designado por el rey para los cargos de gobernador de la Isla de Cuba y Adelantado para la conquista de la Florida. Don Hernando, que era Comendador de la Orden de Santiago, nació en Villanueva de Bancarrota en 1501, participó en la conquista de Darién y Nicaragua, fue primer lugarteniente de Pizarro en la conquista del Perú. De regreso a España, firmó con el rey las capitulaciones de Cuba y la Florida. Fue gobernador de Cuba en 1538 – 1539 y cuando marchó a la conquista de la Florida dejó su esposa, Doña Inés de Bobadilla, al frente del gobierno de la Isla. Don Hernando de Soto murió el 30 de junio de 1540, al parecer de fiebre palúdica, a orillas del Mississippi

1539, 8.VI *Florida. Conquista.* Llega a la Florida la expedición colonizadora de Hernando de Soto. Acompañan la expedición, fuerte de casi 1000 hombres, 8 sacerdotes diocesanos, 1 dominico, 1 franciscano y 1 trinitario. Su esposa, Doña Inés de Bobadilla, queda a cargo interinamente del gobierno de Cuba

1539 (...) *Florida. Conquista.* En este año, uno de los tenientes de Hernando de Soto, Don Juan de Añasco, fundó un establecimiento en la costa oeste de la península que denominó Espíritu Santo, y que fue el comienzo de Tampa

1542, 21.VI *Florida. Conquista.* Muere Hernando de Soto a orillas del Mississippi, abrumado por las fiebres, y con él termina el empeño colonizador de la Florida. Su lugarteniente, Don Luis de Moscoso, se retira por el Mississippi

1544 (...) *Florida. Nuevo proyecto de conquista y colonización del territorio.* En este año Don Julián de Sámano, hermano del Secretario del Emperador Carlos V, comenzó a planear la conquista de la Florida con el apoyo de Don Pedro de Ahumada, hermano de Santa Teresa. Pero por razones de conciencia, Su Majestad no apoyó el intento

1548, 9.III *Florida. Ecco., Regulares, Dominicos, Misiones.* El dominico fray Luis de Cáncer, con el apoyo de fray Bartolomé de Las Casas, zarpa de Sanlúcar de Barrameda, España, al frente de un grupo de dominicos (fray Gregorio de Beteta, fray Diego Tolosa, fray Juan García, y el hermano Fuentes) que integran una expedición con el propósito de evangelizar las tierras de la Florida. Desembarcaron en la Bahía de Tampa.

1555 (...) *Cuba – México. Colonización de la Florida.* En este año, algunos Oficiales Reales de Cuba y México urgen al Rey para que proceda a iniciar la conquista y colonización de la Florida

1555, 11.X *Brasil - Florida. Establecimientos hugonotes.* El almirante francés Nicolás Durand de Villegagnon, hugonote, protegido del gran almirante de Francia Gaspard de Coligny, jefe del partido hugonote, viaja a América con una expedición y establece una colonia que llamaron Fort Coligny en una isla cercana a la actual Río de Janeiro

1557, 29.XII *Florida. Conquista y colonización.* S. M. Felipe II de España firma una Real Cédula aprobando que se establezcan dos asentamientos españoles en la Florida, el primero en el sitio que hoy ocupa Pensacola, y el segundo donde se levantó Santa Elena, hoy Port Royal

1558 (...) *Florida – Alabama. Establecimiento en el litoral de Ala-bama.* Este año, Don Guido de Navezares recorrió el litoral sur de la Florida hasta más allá de Pensacola y se estableció en bahía Filipinas, en el sitio que hoy ocupa Mobile

1558 – 1559 (...) *Florida. Conquista.* El Virrey de Méjico, Don Luis de Velasco, comisiona a Don Tristán de Luna y Arellano para eri-gir los establecimientos españoles en la Florida. La armada de Don Tristán zarpó en 1559, llegó a la isla de Santa Rosa en la bahía de Pensacola, donde fundó un establecimiento (Santa María de Filipi-nas). Después de otros avances, su escuadra fue desbaratada por una tormenta y sus hombres desertaron

1561, IV *Florida. Conquista.* Don Ángel de Villafrane o Villafañe, por disposición real, reemplazó a Don Tristán de Luna como jefe del contingente. La armada de Villafrane, en la que viajaban Don An-tonio Velázquez, Don Antonio González, Don Juan de Torres y dos frailes dominicos, reconocieron las costas de Virginia, luego las de Carolina y llegaron hasta Santa Elena. Después se retiró a Méjico ante la amenaza de una tormenta devastadora

(...) *Florida. Establecimientos hugonotes.* Llegan a España noticias de que un contingente de hugonotes franceses al frente de Jean Ri-bault ha desembarcado en la Florida, fundando un pueblo en el terri-torio con el título de Charlesfort

1562, 8.II *Cuba - Florida. Ecco., Obispado, Obispo.* Quedan listas las ejecutoriales del nuevo Obispo de Cuba, Dr. Bernardino de Villal-pando, natural de Talavera de la Reina. *Bajo su episcopado, la Florida fue incorporada a la Diócesis de Cuba*

1564 (...) *Cuba - Florida. Gobierno Superior Civil. Gobernador. Reconocimiento en la Florida.* El gobernador de Cuba, Don Diego de Mazariegos, envió a la Florida una expedición de reconocimiento al mando del capitán Don Hernán Manrique de Rojas para investigar la disposición de los establecimientos de los hugonotes franceses, para lo cual recorrió el litoral de Georgia y Carolina del Sur

1564, 22.IV *Florida. Establecimientos hugonotes.* René Goulaine de Landonniere fue designado por el almirante Coligny virrey o gobernador general de la colonia francesa de Charlesfort

1565, 20.III *Florida. Conquista. Expulsión hugonotes. Gobierno Superior Civil. Gobernador Florida y Cuba.* Su Majestad Felipe II de España decretó el exterminio y expulsión de los hugonotes franceses de la Florida. Encomienda esta misión y la conquista y colonización del territorio al almirante Don Pedro Menéndez de Avilés, por contrato firmado en esta fecha el que fue nombrado gobernador de Cuba y la Florida. Menéndez de Avilés, natural de Santa Cruz de la Zarza donde nació en 1519, y caballero de la Orden de Santiago desempeñará el cargo de gobernador y Adelantado durante el período 1566 - 1574

1566 – 1574 (...) *Florida. Gobierno Superior Civil. Gobernadores suplentes en ausencia del Adelantado Don Pedro Menéndez de Avilés.* En las etapas en que estuvo ausente del territorio Menéndez de Avilés, fungieron como gobernadores en la etapa 1574 – 1576: Don Pedro Menéndez Valdés, Don Esteban de las Alas, Don Pedro Menéndez de Avilés el Joven, Don Pedro Menéndez Márquez y Don Diego de Velasco. En la etapa 1576 – 1589: Don Hernando de Miranda (1575), Don Alonso de Solís (1576), Don Hernando de Miranda (1576 – 1577), y Don Pedro Menéndez Márquez (1577 – 1589)

1565, 29.VI *Florida. Conquista.* Don Pedro Menéndez de Avilés zarpa con su flota de Cádiz. Con él viajan más de 1000 soldados, 500 esclavos, y cuatro sacerdotes seculares

1565, 28.VIII *Florida. Conquista. Primera Misa en los Estados Unidos.* Día de San Agustín. El Adelantado Menéndez de Avilés divisa las costas de la Florida. El P. Francisco López de Mendoza y los demás sacerdotes entonan el Te Deum Laudamus. Al desembarcar, el P.

López de Mendoza planta la Cruz y oficia en la Primera Misa celebrada en tierras de los actuales Estados Unidos

1565, 4.IX *Florida. Conquista. Expulsión hugonotes.* Los barcos de Menéndez de Avilés enfrentan y vencen a la flota hugonote dirigida por Jean Ribault

1565, 8.IX *Florida. Conquista. Toma de Posesión.* En este día, el Adelantado Don Pedro Menéndez de Avilés toma posesión solemne del territorio de la Florida. El P. López de Mendoza ofreció una Misa en honor de la Natividad de la Virgen

1565, 16.IX *Florida. Conquista. Expulsión hugonotes.* Los expedicionarios de Menéndez de Avilés asaltan el establecimiento hugonote de Fort Caroline, que es tomado el día 21

1565, 21-22.X *Florida. Conquista. Expulsión hugonotes.* Los sobrevivientes de Fort Caroline, que habían huido y naufragado, son ejecutados por orden de Menéndez de Avilés

1565, IX *Florida. Conquista. Gobierno Superior Civil. Fundación de San Agustín. Primera Iglesia.* Los expedicionarios dirigidos por Menéndez de Avilés comienzan a echar los cimientos del pueblo de San Agustín de la Florida. El P. López de Mendoza, en el mismo mes, consagró la primera Iglesia Católica que funcionó en el territorio de los Estados Unidos. Se comienzan a levantar fortificaciones costeras previendo otro ataque hugonote. Se efectúa el primer Cabildo para elegir el primer Alcalde y el Consejo, Justicia y Regidores: fueron las primeras elecciones en territorio de los Estados Unidos

1565 (...) *Florida. Nuevo asentamiento.* Después de fundar San Agustín, el Adelantado Pedro Menéndez de Avilés ordena la fundación de un nuevo asentamiento español, que denominó Santa Lucía

1565, 15.X *Florida. Ecco. Evangelización.* Don Pedro Menéndez de Avilés escribe al rey y solicita misioneros en esta fecha para la Evangelización de la Florida. El Adelantado comienza a desmontar para construir una ruta que una San Agustín con el Fuerte San Mateo, cerca de Jacksonville. Además establece fuertes en Santa Elena, Carolina del Sur, Cabo Cañaveral, Tequesta (Miami), Calus (Charlotte Harbor) y otro cercano a Tampa

1566, VII *Cuba – Florida. Conquista.* Al regresar de un viaje de San Agustín a La Habana, Menéndez encontró refuerzos enviados por el rey: 17 buques y 1500 hombres

1566 (...) *Florida. Gobierno Superior Civil. Fundación de la villa de Santa Elena.* En fecha no precisada, el Adelantado Menéndez de Avilés funda la villa de Santa Elena de la Florida y un pequeño fuerte bajo el título de San Salvador

1566 (...) *Florida-Cuba. Gobierno Superior Civil. Salud Pública. Hospital.* Don Pedro Menéndez de Avilés alquila una casa en La Habana y la acondiciona como hospital para curar a los militares heridos o enfermos en la conquista de la Florida

1566 (...) *Florida – San Agustín.* Nace en San Agustín de la Florida Martín de Argüelles, hijo de asturianos, el primer descendiente de europeos nacido en el territorio de los actuales Estados Unidos

1566, II *Florida. Ecco., Regulares, Jesuitas, Misiones. Mártires.* El P. Pedro Martínez s.j. muere asesinado por los indios de la Florida en la isla de Tocatucur

1566, 28.VI *Florida. Ecco., Regulares, Jesuitas, Evangelización.* El general de la Compañía de Jesús, P. Francisco de Borja, envía en esta fecha a los jesuitas PP. Pedro Martínez, superior, y Juan Rogel, y al hno. Francisco Villarreal, para que comiencen a encargarse de la Evangelización de la Florida. Rogel y Villarreal permanecen en La Habana y Martínez sigue viaje a la Florida

1567 (...) *Cuba. Ecco., Regulares, Jesuitas. Fundación de colegio.* Los jesuitas P. Juan Rogel y Hno. Francisco Villarreal, fundan un Colegio en San Cristóbal de La Habana

1567, 17.II *Florida – Cuba. Gobierno Superior Civil. Militar.* Menéndez de Avilés destaca 200 hombres de su expedición para reforzar la guarnición de San Cristóbal de La Habana, según se consignó en Acta Capitular de la reunión sostenida por el gobernador García Osorio con los regidores de la ciudad

1567, 1.IV *Florida – Cuba. Gobierno Superior Civil. Comercio. Abastecimientos.* El Adelantado Menéndez de Avilés gestiona con García Osorio, gobernador de Cuba, la adquisición en Cuba de alimentos (500 cargas de casabe y 1000 arrobas de carne) destinados a las guarniciones de la Florida. *Esta gestión dio inicio a las relaciones comerciales de la Isla de Cuba con la península de la Florida, durante más de dos siglos*

1568, 13.IV *Florida. Ecco., Regulares, Jesuitas, Evangelización, Expedición.* Zarpa de España una nueva expedición de jesuitas destinados a la Evangelización de la Florida: PP. Juan Bautista de Segura, Gonzalo del Álamo y Antonio Sedano, y HH. Juan de la Carrera, Pedro de Linares y Domingo Agustín Báez

1570 (...) *Florida. Gobierno Superior Civil. Sublevación naturales.* Ante las exigencias de abastecimientos por el alférez Juan de Valera, se sublevan los indígenas de Escamacu y Orista, que fueron aplacados por Pedro Menéndez Márquez, sobrino del Adelantado Menéndez de Avilés

1570 (...) *Florida. Ecco., Regulares, Jesuitas, Evangelización.* El P. Juan Bautista de Segura escribe al Prepósito General de la Compañía de Jesús, alarmado por los escasos resultados de la Evangelización en el territorio floridano

1570 (...) *Florida. Ecco., Regulares, Jesuitas, Evangelización, Expedición.* Llega a la Florida una nueva expedición de evangelizadores jesuitas: el P. Luis Quirós y los hermanos Daniel Gómez y Sancho Ceballos, con el indio converso Luis de Velasco

1570 (...) *Florida - Cuba. Gobierno Superior Civil. Salud Pública. Hospital.* Menéndez de Avilés ordena la fusión del hospital fundado en 1566 con el de San Felipe y Santiago

1570 (...) *Cuba – Florida. Gobierno Superior Civil. Gobernador. Conquista de la Florida. Desertores españoles. Decreto.* Don Pedro Menéndez Márquez, gobernador de Cuba por delegación del Adelantado Menéndez de Avilés, pone en vigor un decreto para devolver a la Florida a los soldados españoles que desertan y vienen para San Cristóbal de La Habana y en general hacia Cuba huyendo de los riesgos de la conquista de la Florida

1571 – 1572 *Florida. Ecco., Regulares, Jesuitas. Evangelización. Mártires. Fin del Apostolado jesuita.* ¿1571? El indio converso Luis de Velasco traiciona a los jesuitas y subleva a los naturales. Dan muerte a los PP. Juan Bautista de Segura, Gabriel Solís, Pedro de Linares, Cristóbal Redondo y Sancho de Zeballos. ¿1572? El Superior General de la Compañía, P. Francisco de Borja, decide que los jesuitas abandonen la Florida.

(...) *Florida. Ecco., Regulares, Jesuitas. Evangelización. Misiones en 1572.* Al terminar las Misiones en 1572, los centros misioneros de los jesuitas eran: San Agustín, San Mateo (costa este, en St. John´s River), Santa Elena, Orista (Carolina del Sur, costa este, cerca de la Florida), Axan (Viginia, cerca de la bahía de Chesapeake), Ays (cerca de Cabo Cañaveral), Tequesta (costa sur de la Florida), San Antonio (Charlotte Harbor, costa oeste de la Florida), Tocobago (cerca de Tampa, Florida)

(...) *Cuba. Gobierno Superior Civil. Gobernador.* El militar, marino y cartógrafo Don Sancho Pardo Donlebún, uno de los lugartenientes del Adelantado, funge como gobernador de Cuba, funge como gobernador de Cuba representando a Don Pedro Menéndez de Avilés

1573 (...) *Cuba – Florida. Primer trabajo cartográfico.* El gobernador de Cuba, Don Sancho Pardo, dirige la confección de la primera carta marítima de Cuba, la Florida y las Bahamas

1574 (...) *Cuba – Florida. Gobierno Superior Civil – Ecco. Fundación de Convento.* Los vecinos de La Habana comienzan a solicitar del

Cabildo que gestione la fundación de un Convento de frailes franciscanos en la ciudad: *el gran Convento de la Purísima Concepción, Escuela de los Misioneros de la Florida y centro de aclimatación de los frailes que venían de España con destino a esa Provincia*

1573, 23.II *Florida. Gobierno Central. Patronato Regio. Real Cédula. Solicitud al Comisario General de los Franciscanos en las Indias.* Felipe II firma en esta fecha una Real Cédula pidiendo al Comisario General de los Franciscanos en las Indias que elija seis religiosos de la Orden para evangelizar en las Provincias de la Florida

1573 (...) *Florida – Cuba. Ecco., Regulares, Franciscanos, Evangelización.* A partir de la Real Cédula por la que se encarga a la Orden Franciscana la Evangelización de la Florida, los barcos que se dirigían a esta península hacían escala obligada en La Habana, que se convirtió en albergue y cabeza de puente de los misioneros franciscanos

1573, 23.II *Florida. Gobierno Central. Real Cédula. Adelantado. Colonización. Evangelización.* Real Cédula de la misma fecha de la anterior a Pedro Menéndez de Avilés. Ordena continuar labores de colonización en la Florida y que acompañen a los colonos 12 frailes franciscanos

1573 (...) *Florida. Ecco., Regulares, Franciscanos. Evangelización.* Llega la expedición de fray Alonso de Reinoso, la primera que enviarán los franciscanos a tierras de la Florida. Algunos historiadores opinan que con él desembarcó fray Alonso de Escobedo, otros, que éste llegó en 1587

1574, 10.IX *Florida - Cuba. Gobierno Superior Civil. Gobernador y Adelantado.* En esta fecha muere en España el Adelantado y conquistador de la Florida, Don Pedro Menéndez de Avilés. Toma el mando subteniente de gobernador, de forma interina, hasta el 30 de abril de 1575

IMÁGENES

1 Retrato ee Pedro Menéndez ee Avilés, Adelantado de La Florida.

2 Tumba de Pedro Menéndez de Avilés.

Pedro Menéndez de Avilés, estatua.

Avanzando por el pantano hacia Fort Caroline.

Momento de la fundación de San Agustín.

Martín de Argüelles, primer hijo de europeo nacido en la Florida
y en tierras de los Estados Unidos.

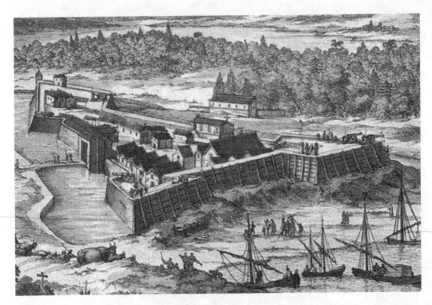

Fuerte francés de Fort Caroline.

Pedro Menéndez asalta Fort Caroline.

El galeón Pelayo, a la derecha, combate naves francesas.

La Flota de Indias en ruta hacia España.

FUENTES Y BIBLIOGRAFÍA ACTIVA Y PASIVA

Archivos

Archivo General de Indias

Archivo General de Simancas

Archivo del Conde de Revilla-Gigedo

Archivo Nacional de Cuba

Archivo Provincial de La Habana-Actas Capitulares siglo XVI

Archivo del CeBiblntro de Documentación Histórica de la Florida Colonial Hispana, sede de Miami

Archivo de Protocolos de La Habana

Archivos de Georgia Historical Collection

Colecciones

Actas Capitulares del Ayuntamiento de La Habana. Colección María Teresa de Rojas, 1952

Documentos Inéditos para la Historia de Cuba

Documentos Inéditos de Indias del CDHFCH.

Georgia Historical Collection (Georgia Historical Society)

Libros e investigaciones

Arenas Frutos, Isabel. La Iglesia en la Florida en el Siglo XVII. Universidad de Sevilla, Sevilla, 1991

Avilés, Tirso de. Armas y linajes de Asturias y Antigüedades del Principado. Grupo Editorial Asturiano, 1991

Bolton, Herbert E. Las Misiones de la Florida. Miami, Fla., 1960

Bruno, Cayetano. Las Órdenes Religiosas en la Evangelización de las Indias. Ediciones Didascalia, Rosario, 1992

Cárdenas y Cano, Gabriel. Ensayo Cronológico para la Historia General de la Florida. T. VIII, Madrid, 1826

Enciclopedia Militar El Gran Capitán: www.grancapitan.org/

Errasti, Fray Mariano. América Franciscana II. CEFEPAL, Santiago de Chile, 1990

Fernández Guerra y Orbe, Aureliano. El fuero de Avilés. Discurso leído en la Real Academia de la Lengua Española, en el aniversario de su fundación, en 1865. Madrid, Imprenta Nacional, 1865

Gannon, Michael V. The Cross in the Sand: The early Catholic Church in Florida 1513 – 1870. Gainesville, Florida, 1965

García-Baquero González, A. La Carrera de Indias: suma de la contratación y océano de negocios. Algaida, Sevilla, 1992

García-Baquero González A., La Carrera de Indias. Salamanca, 1992

García Blanco, Javier. Historia de Iberia Vieja. Personajes. Hemeroteca, edición del 1 de julio de 2012

Guerra y Sánchez, Ramiro. Historia de Cuba I, La Habana, 1927

Haring, C.H. Comercio y Navegación entre España y las Indias. Fondo de Cultura Económica, México, 1979

Keegan, Gregory J., y Tormo Sanz, Leandro. Experiencia misionera en la Florida (siglos XVI y XVII). Madrid, 1957

Lanning, J. T. The Spanish Missions of Georgia. Chapel Hill, 1935

Larrúa Guedes, Salvador. Historia de la Iglesia Cubana (en su contexto socioeconómico y cultural). Original en poder del autor. La Habana, 1994

Larrúa Guedes, Salvador. Historia de la Florida Colonial Hispana, t. I. Santillana-USA, Miami, 2010

Cinco Siglos de Evangelización Franciscana en Cuba. Custodia Franciscana del Caribe, San Juan de Puerto Rico, 2004.

Grandes Figuras y Sucesos de la Orden Franciscana en Cuba. Custodia Franciscana del Caribe, San Juan de Puerto Rico, 2004.

Presencia de España en Norteamérica: la Provincia de la Florida 1508-1619. Un tributo a Juan Ponce de León. Eagle Press, Miami, U.S.A., 2013

Historia de la Orden de Predicadores en la Isla de Cuba. Universidad Santo Tomás de Aquino, Santafé de Bogotá, Colombia, 1997

La Batalla de Bloody Marsh: Una victoria de la Florida Española durante la Guerra de la Oreja de Jenkins. Universidad de Alcalá. Monografía publicada por el Instituto Franklin de la UA en la revista Camino Real, 2010.

La Real Fuerza del Castillo de San Marcos: Fortaleza Invencible de España en la Florida. Revista Digital de la Real Academia Hispanoamericana de Ciencias, Artes y Letras (RAHA), 2013

Floridanos en Cuba, cubanos en la Florida. Revista Digital de la Real Academia Hispanoamericana de Ciencias, Artes y Letras (RAHA), 2014

López de Mendoza y Grajales, P. Francisco. Relación del Viaje a la Florida. En: CDHFC, Fondo Floridas, 1565, digital.

Lucena Salmoral M., La Flota de Indias. Cuadernos de Historia 16. Barcelona, 1985

Mabry, Donald J. Hugonotes en la Florida, Dominique de Gourgues. © 1990-2008/The Historical Text Archive

Manucy, Albert C. (1992). Menéndez, Pedro Menéndez de Avilés, Captain General of the Open Sea. Sarasota, Florida: Pineapple Press, Inc.

Marrero, Levi. Cuba, Economía y Sociedad. Editorial Playor, Madrid, 1974

Martínez Rivas, José Ramón; García Cargajosa, Rogelio; Estrada Luis, Secundino. Historia de una emigración: asturianos hacia América, 1492-1599. Oviedo, 1992.

Medina, Pedro de. Regimiento de Navegación. Instituto de España, Madrid, 1964

Memorial de Gonzalo Solís de Merás. En: La Florida. Su conquista y colonización por Pedro Menéndez de Avilés.

Mira Caballos, Esteban. Controversias sobre el sistema naval con América a mediados del siglo XVI: los proyectos de Álvaro de Bazán". Iberoamericana No. 7, Berlín, 2002

Mira Caballos, Esteban. Hacia la configuración del sistema de flotas: el proyecto de Bernardino de Mendoza (1548). Revista de Historia Naval No. 81, Madrid, 2003

Mira Caballos, E., Las Armadas Imperiales. La guerra en el mar en tiempos de Carlos V y de Felipe II. La Esfera de los Libros, 2005

Mira Caballos, Esteban. Pedro Menéndez de Avilés diseñó el modelo de flotas de la Carrera de indias. Revista de historia naval, Año nº 24, Nº 94, 2006

Mira Caballos, Esteban. Memorial de Menéndez de Avilés. En: Revista de Historia Naval, Instituto Naval de España

Morales, fray Francisco o.f.m. La educación de los marginados. Méjico, 1982

Morales, fray Francisco o.f.m. Franciscanos en América-Quinientos años de presencia evangelizadora. Méjico, 1993

Pérez Turrado, G., Armadas españolas de Indias. Mapfre, Madrid, 1992

Pezuela, Jacobo de la. Discursos leídos ante la Real Academia de la Historia en la recepción pública de D. Jacobo de la Pezuela, el día 21 de mayo de 1866. Imprenta á cargo de Ramón Soler, Calle de San Gregorio, 85, Madrid, 1866

Pezuela y Lobo, Jacobo de la. Diccionario geográfico, estadístico, histórico, de la Isla de Cuba. Imprenta del Banco Industrial y Mercantil, Madrid, 1867

Revista de Historia Naval, tomo III, p. 184 Instituto de Historia Naval, Armada Española, Ministerio de Defensa.

Ruidíaz y Caravia, Eugenio. La Florida. Su conquista y colonización por Pedro Menéndez de Avilés. Obra premiada por la Real Academia de la Historia. Tomo I. Imp., Fund. y fábs. de Tinta de los Hijos de J. A. García, Calle de Campomanes núm. 6, MDCCCXCIII

Schafer, E. El Consejo Real y Supremo de las Indias. Junta de Castilla y León, Salamanca, 2003

Varios Autores. Spanish pathways in Florida 1492-1992. Ann L. Henderson and Gary R. Mornino, Editors, 1992

Vigil, D. Ciriaco Miguel. Noticias biográfico genealógicas de Pedro Menéndez de Avilés, primer Adelantado y Conquistador de la Florida... Imprenta La Unión, Cámara 52, Avilés, 1892

Vigil, Ciriaco Miguel. Asturias Monumental, Epigráfica y Diplomática. Imprenta del Hospicio Provincial, Oviedo, 1887

Zéndegui, Guillermo de. Terra Florida. Historia de una Tragedia. Ediciones Continental, Miami, Fl., s/f.

ÍNDICE

44252291R00159

Made in the USA
Charleston, SC
22 July 2015